내……생각인가요?

정영진 인터뷰집

내 생각인가요?

생각이 멈춘 시대에
이성을 묻다

정영진·지승호 지음

머리말

생각이 멈춘 시대에
생각하는 사람을 만나다

"선전의 가장 큰 적은 지성주의."

나치 독일의 국민계몽선전장관이었던 괴벨스가 한 말입니다. 오래된 경고처럼 들리지만, 지금 우리가 사는 이 시대를 꿰뚫는 냉정한 문장이기도 합니다. 누군가는 거짓을 생산하고, 누군가는 그것을 아무 의심 없이 옮깁니다. 정치적 진영 논리와 감정적 확신은 진실보다 앞서고, 사람들은 생각보다 감정으로 말하고, 논리보다 구호로 싸웁니다. 그렇게 우리는 점점 더 사유의 언어를 잃어가고 있습니다.

저는 그 언어를 잃지 않은 한 사람을 떠올렸습니다. 바로 정영진 님입니다. 시사와 예능, 경제와 사회를 넘나들며 수많은 콘텐츠를 만들어온 기획자이자 진행자. 저는 그를 '의심과 호기심, 합리적 이성으로 완성한 기획의 귀재'라 부르고 싶습니다. 정영진 님이 탁월한 기획자라면 그걸 가능케 한 요인은 무엇일까, 우리가 그에게서 배울 수 있는 점은 무엇일까, 그는 어떠한 생각과 철학으로 일을 할까, 그의 성장 배경은 어떠했고, 앞으로 꿈꾸는 크고 작은 희망은 무엇일까 등 여러 가지가 궁금했습니다.

제가 누군가를 인터뷰할 때마다 누차 언급하지만, 기본적으로 제 인터뷰론의 저변엔 '호기심'이 깔려있습니다. 크게는 그 인물에 대한 선 굵은 일대기, 세부적으론 평소 삶과 생각의 소소한 각론들. 이러한 궁금증이 이번 정영진 님의 인터뷰에도 녹아 있습니다.

정영진 님은 최근 '나는 고발한다, 당신의 뻔한 생각을'이라는 부제를 가진 책『정영진의 시대유감』을 펴냈습니다. 이 책에서 그는 "적당히 누구나 좋아할 법한 이야기를 하는 사람을 조심하자. 이들이 사람들의 사고를 방해한다. 생각하는 사람들을 나쁜 사람으로 몰고 가는 정말 '나쁜' 사람이다. 생각하고 싸우자. 싸우고 또 생각하자. 생각이 끝나면 삶도 끝난다"라며 생각하는 삶을 강조합니다.

이러한 그의 지론은, 제가 그를 만나 인터뷰를 한 이번 책에서도 고스란히 묻어납니다. 그는, 생각하는 삶을 위해서는 의심과 호기심, 합리적 이성이 필요하다고 강조합니다. 그리고 남의 말뿐만 아니라 자신의 생각까지 의심해봐야 한다고 말합니다.

그가 가진 진짜 힘은 생각을 잘하는 데 있습니다. 그는 유행하는 확신에 쉽게 올라타지 않습니다. 듣기 좋은 말로 사람을 모으기보다, 불편하더라도 정직한 말을 택합니다. 그리고 언제나 조용히 묻습니다. "그 생각, 정말 당신의 것인가요?"

그의 말은 단정하되, 단순하지 않습니다. 논리적이되, 딱딱하지 않습니다. 그의 말끝에는 사람에 대한 존중, 그리고 사회에 대한 냉정한 애정이 배어 있습니다. 그는 사람을 '판단'하기보다 '이해'하려 노력하고, 생각을 주입하기보다 함께 질문하려는 태도를 가진 사람입니다. 이번 인터뷰를 통해 저는 그가 왜 그런 사람인지, 그리고 어떻게 그렇게 될 수 있었는지를 느낄 수 있었습니다. 그의 가족 이야기, 방송 밖의 삶, 그리고 콘텐츠를 넘어선 생각의 결까지, 그 모든 이야기 속에서 저는 생각이 사라져가는 시대를 버티는 한 사람의 신중한 태도를 발견했습니다. 저는 이 책을 통해 가급적이면, 그동안 언론에 공개되지 않은 정영진 님의 여러 철학과 인간미를 독자들에게 전하고 싶었습니다. 정영진 님 스스로 말하기엔 민망할 법한 SNS 채널 성공담, "유튜브, 이렇게 하면 실패합니다" 등의 답변을 끌어낸 그의 조언들, 윤석열 탄핵과 트럼프의 정치외교에 대한 한국의 외교 대응법, 우리나라의 여러 사회 경제 문제 등을 담아냈습니다.

아울러, '인간 정영진'의 매력과 철학을 좀 더 이해할 수 있는 유년 시절부터의 성장배경, 언론학 공부, 결혼과 가족관, 일에 대한 생각, 휴식과 여행, 문화예술에 대한 관점과 개인의 소망 등 독자들이 함께 공유하고 때론 배울 수 있는 내용들을 전하고자 했습니다.

한 사람이 성공을 하는 데엔 그만한 이유가 있습니다. 하지만 정영진 님은 이에 대해 겸손합니다. 그의 겸손이 그의 삶을 더욱 빛나게 합니다. 무엇보다 독자 여러분이 이번 인터뷰를 통해 유의미한 도움을 얻기를 바랍니다.

2025년 8월

지승호

차례

머리말 생각이 멈춘 시대에
　　　 생각하는 사람을 만나다　　　　　　　　　　005

1부　의심하라, 끊임없이 자문하라

나는 고발한다, 당신의 뻔한 생각을　　　　　　　017
의심하라, 끊임없이 자문하라　　　　　　　　　024
지도층이라면 책임감을 가져야　　　　　　　　029
경제 콘텐츠의 신경지를 연 〈삼프로TV〉　　　　038
고민이 없어 보였던 어느 대통령 후보　　　　　044
속아서 뽑아준 사람 책임이 더 크다　　　　　　049
트럼프 시대에도 공략할 틈은 있어　　　　　　053
과하다 싶을 정도의 경제 부양책 필요　　　　　061
철저한 준비가 필요한 자영업　　　　　　　　　065
기대가 적으면 스트레스도 없다　　　　　　　　071
새 일을 시작할 때의 세 가지 기준　　　　　　　075
취향이 돈이 되는 시대가 온다　　　　　　　　　078

2부　실패에 가혹한 풍토

현재 결혼제도에는 문제 많아	085
계엄령은 결국 소통 부족이 원인	090
진정한 과학적 사고가 필요하다	097
성숙하고 독립된 성인을 못 키워서 문제	104
온라인 댓글은 진정한 소통이 아니다	112
실패에 가혹한 풍토가 의대 열풍의 한 원인	117
한강 둔치에 임대주택을 짓자	123
오너만 위한 경영이 코리아 디스카운트의 원인	128
실력자를 알아 보는 것도 능력	133
더 할 수 있는 게 없다고 여겨 〈매불쇼〉 하차	138
나중에 도서관 만드는 게 꿈	141

3부　세상과 다른 이야기를 하는 사람도 필요하다

새벽 4시 반에 일어나서 책을 읽었던 아이	147
친구한테 맞고 생긴 폭력에 대한 트라우마	149

아르바이트를 통해 배운 사회생활　　　　　　　　　154

대학입시 제도가 수능으로 바뀐 것이 천행　　　　158

PD 꿈꾸며 충남대 신방과 입학　　　　　　　　　160

간절하게 매달리지 못했던 젊은 시절이 후회되기도　165

퀴즈 프로그램 우승 상금으로 미국 유학을 결심　　166

로스쿨에 도전하다　　　　　　　　　　　　　　177

귀국 후 W에서 방송을 시작하다　　　　　　　　188

팟캐스트의 가능성을 보고 〈똑똑한 12시〉 만들다　192

인생의 동반자 최욱을 만나다　　　　　　　　　195

기억에 남는 마광수 교수님　　　　　　　　　　198

정확한 최욱의 판단력을 믿는다　　　　　　　　203

세상과 다른 이야기를 하는 사람도 필요하다　　　206

4부　왜 젊은이들이 우울할까?

'적정 성공'에 관한 채널 구상 중　　　　　　　　219

성공에 관한 다양한 기준이 생겨야 한다　　　　　227

나도 적정 성공인 중 하나라고 생각한다　　　　　230

새 정부에서는 동적 균형감 가진 채널로 만들어가고 싶다	236
상대방의 얘기를 한번 들어는 봐야	243
가짜 뉴스의 부작용은 어떻게 극복할 것인가?	248
사실 적시 명예훼손의 딜레마	251
〈일당백〉은 오래 진행하고 싶어	258
'르네상스인'이 많아졌으면	265
암묵지를 어떻게 전수할 것인가	272
한국에서 세계적인 플랫폼이 나오지 않는 이유?	274
한류는 지금이 정점으로 보여	278
유튜브 콘텐츠의 전망	281
박찬욱 영화나 아이유 등을 좋아한다	284
구성원과의 의견 차이를 극복하는 법	287
시간 나면 쿠바 등에 다녀오고 싶어	291
후기 사유의 온기와 사람의 향기를 지닌 이성	294

대학에서 신문방송학을 전공한 후 미국 유학.
귀국 후 시사평론을 소재로 한 1인 인터넷 방송 시작.
지상파 TV와 라디오에서 시사교양 프로그램 진행.
뉴미디어 〈삼프로 TV〉, 〈매불쇼〉, 〈일당백〉, 〈지구본연구소〉,
〈편의점클라쓰e〉, 〈정영진tv 아육대〉, 〈까칠남녀〉,
〈장르만 여의도〉 등을 기획(진행)하며 천만 구독자 확보.

1부

의심하라,
끊임없이 자문하라

나는 고발한다, 당신의 뻔한 생각을

지승호   건강은 어떠신가요?

정영진   안구 건조증이 좋아지질 않네요.

지승호   아, 그게 왜 방법이 없을까요?

정영진   도전하는 의사들은 굉장히 많은데, 성공한 의사가 없습니다.

지승호   그것 참. 최근 『정영진의 시대유감』이라는 책을 펴내셨는데요. 반응들은 어떤가요? 젊은 사람들이 보기에는 약간은 혼나는 느낌이 있을 것 같은데요.(웃음)

정영진   일단 저한테 반응을 주신 분은 대체로 제가 읽을 거라 생각해서 그러시는지 칭찬들을 많이 해 주시긴 했는데요. 사실 이 책의 약점은 제가 누구보다 더 잘 알고 있어서요.

지승호 약점이 뭐라고 생각하세요?
정영진 이 책의 약점이요? 제가 좀 급히 쓴 측면이 있어서요.

지승호 급히 쓰셔도 이렇게 잘 쓰시면 어떻게 합니까?(웃음)
정영진 분명히 어떤 주제에 대한 제 생각을 조금 더 다듬을 부분이 많이 있었음에도 불구하고 그걸 충분히 하지 못해서 반론이나 이런 것이 나올 만한 면이 있다고 생각합니다.

지승호 그걸 바란다고 하셨잖아요.
정영진 물론 그것도 제가 생각한 부분이긴 한데요. 반론이 좀 많았으면 좋겠다는 생각도 하긴 했는데, 그래도 너무 구멍들이 많지 않나 하는 생각을 좀 하긴 합니다.

지승호 부제가 이 책의 성격을 얘기해 주는 부분이 있는 것 같은데요. '나는 고발한다, 당신의 뻔한 생각을'. 보통 보면 우리나라 사람들이 획일적인 생각을 많이 한다고도 하고요. 최근에 개그우먼 이수지 씨가 해서 화제가 됐던 소위 대치 맘들의 패러디 영상이 있지 않습니까? 사실 어떻게 보면 그 사람들이 꽤 부유한 사람들이고 자기 취향을 드러낼 수 있는 계급적 위치에 있는 사람들임에도 불구하고 대체로 다 몽클레어 패딩에 모 브랜드의 목걸이를 한다든지, 교복 패션을 입고 다니다가 갑자기 그 패러디를 보고 당황해서 패딩을 당근마켓에 팔고 있다는 얘기가 화제가 됐는데요. 그걸 봐도 사람들이 좀 획일적으로 생각하거나 남하고 다르게 튀는 걸 좀 두려워하는 것 같습니다.

정영진 그렇다고 제가 그걸 깊이 있게 분석한 건 아닌데요. 제 개인적인 판단에는 타인을 판단하는 여러 기준이나 이런 것들이 좀 있을 텐데, 우리에게는, 제가 마치 책을 시간이 너무 없이 서둘러 쓴 것처럼 그런 걸 쌓을 시간이 좀 부족했던 것 같기는 해요. 우리나라가 워낙 급하게 성장하다 보니까 오로지 미국이든 일본이든 여기를 따라가는 게 최우선인 시간을 지난 60~70년을 보낸 거잖아요. 그러다 보니까 내가 뭘 좋아하고 아니면 다른 어떤 취미나 취향을 가질 수 있을지에 대해 생각할 시간이 너무 없었던 것 같은 게 하나가 있는 것 같고요. 그다음에 또 하나는 우리가 쓰는 언어에 저는 좀 문제가 많다고 생각을 하는데, 우리가 쓰는 언어가 관계 중심의 언어잖아요.

지승호 그렇죠.

정영진   이게 언어가 먼저인지 아니면 우리의 문화가 먼저인지 모르겠습니다만 저는 언어가 꽤 많은 영향을 준다고 생각을 하는 사람이라서요. 저도 작가님을 호칭할 때 작가님이라고 하고.

지승호   호칭이 없으면 굉장히 대화하기 힘들어하죠.

정영진   민망하죠. 뭐 사장님, 부장님 등 나와의 관계를 나타내는 단어들로 다 시작을 하고, 사람의 이름을, 각자의 이름을 부르질 못하잖아요. 그러니까 그것이 결국 우리가 서로서로 사실상은 단절돼 있음에도 불구하고 겉으로는 대개 다 연결돼 있는 사람들처럼 살다 보니 자기 스스로 혼자 이 세상에 서거나 자기의 뜻을 다른 사람의 뜻과 상관없이 내는 거에 대해서 되게 부담을 많이 갖는 것 같더라고요. 그러다 보니까 욕망도 다른 사람들은 뭘 욕망하나, 다른 사람들은 뭘 좋아하나 이거에 지나치게 신경을 많이 쓰는 것 같습니다. 우리가 아마도 유목 문화의 베이스면 조금 덜 할 텐데 기본적으로 농경 문화가 베이스다 보니까 다 같이 논농사를 지어 왔는데요. 그 마을에 있는 사람 모두가 하나의 일을 하고 이렇게 해야 되는 문화권이라 더욱 타인의 눈치를 보는 거에 좀 많이 쏠려 있는 것 같긴 합니다.

지승호   "모난 돌이 정 맞는다"는 속담 자체도 그런 면을 반영한 것 같기도 하구요. 한국전쟁의 영향이라는 분들도 계시더라구요. 튀면 죽으니까 남하고 다르게 행동하는 거에 대한 두려움이 굉장히 강해졌던 거 아니냐, 이런 얘기인데요.

정영진 맞습니다.

지승호 근데 『정영진의 시대유감』을 보면 "본인이 어디서 들은 생각을 자기 생각인 것처럼 얘기하지 말고 자기 생각이 어디서 왔는지 파악하는 게 중요하다"라고 말씀하셨는데요. 그런 훈련이 잘 돼 있으신 것 같은데, 어떤 과정을 통해서 남들하고 좀 다른 사고를 하시게 된 건가요?

정영진 저도 당연히 타인의 시선 내지는 생각에 영향을 많이 받겠죠. 저는 아니라고 하지만 어쩌면 저도 모르게 많이 신경을 쓸 텐데, 그중에서는 그래도 조금 좀 덜 쓰려고 개인적으로 노력도 하고 가능하면 이게 내 생각인지 아닌지 의심을 많이 하는 것 같습니다. 제가 의심이 기본적으로 좀 많은 사람인 것도 하나 있어요.

지승호 중요하죠.

정영진 그래서 저는 제가 맞는지 틀린지도 늘 의심을 하고 그다음에 다른 사람이 뭐라고 얘기하면 진짜 그런가에 대한 생각을 많이 하는데요. 거기에 약간 도움을 준 게 있다면 제가 예전에 미국에서 로스쿨을 잠깐 다닌 적이 있는데요. 거기서 LAST 시험을 보거든요. 근데 그 시험에 상당 부분이 할애돼 있는 게 그런 거랑 비슷해요. 그러니까 이 사람이 A라는 주장을 할 때 그 A라는 주장 안에 근거는 뭐고, 그 근거는 맞는 것인지 이런 걸 체크하는 훈련이 되게 많긴 하거든요. 어른이 된 이후로는 그런 것도 좀 도움이 됐던 것 같고요.

그다음에 기본적으로 어릴 때부터도 조금 의심도 많았고 호기심도 많았어요. 그래서 '다른 사람의 행동은 왜 그럴까?'나 아니면 '다른 사람들은 말을 왜 저렇게 할까?'에 대한 호기심과 의심이 같이 좀 많이 상승 작용을 일으킨 것 같긴 하고요. 그러다 보니까 누군가가 자기 생각이라고 이렇게 얘기하는 것들이 어느 순간 이렇게 듣다 보면 너무 다 비슷한데 왜 다 자기 생각이라고 얘기를 할까를 의심한 거죠.

본인 생각이냐 아니냐를 구분하는 게 되게 어려운 일이긴 한데요. 내가 어떤 주장을 할 때, 어떤 생각을 할 때 이게 내 생각이려면 적어도 내가 왜 그런 생각을 했는지 이유는 알아야 되거든요. 그런데 본인의 주장을 하지만 그 이유에 대해서 내가 한두 번만 더 물어보면 그 이유를 얘기 못 하니까 그거는 본인 생각이 아니라 본인 생각인 걸로 착각한 누군가의 생각을 책에서 읽었든 SNS에서 봤든 타인의 생각을 그냥 자기 생각처럼 떠드는 거니까 그러지는 말자는 취지의 글을 좀 썼던 겁니다. 좀 건방지죠. 어떻게 보면 제가 뭐라고.(웃음)

지승호   내가 이런 주장을 했을 때 남들한테 '건방지다' 이런 얘기를 들을까 봐 자기 주장을 해야 하는 데도 불구하고 그렇게 하지 못하는 문화들이 있는 건데요.

정영진   그렇죠. 눈치를 많이 보니까.

지승호   그런 평을 들으면 인간관계나 이런 부분에서 약간의 손해를 볼 때도 있잖아요.

정영진   손해 볼까 봐 겁나긴 하지만, 실제로는 그 손해 잘 안 보거든요. 손해 볼까 봐 없는 유령을 그냥 겁내는 거랑 비슷하다고 저는 생각을 하는데요.

지승호   관계가 좋으시니까 대체로.

정영진   근데 저는 별로 사람들이랑 관계가 없긴 해요. 하여튼 꼭 자기 생각을 얘기해야 되는 건 제 생각에는 본인의 생각을 얘기를 안 하고 그냥 어디서 들은 걸로 자꾸 얘기를 하다 보면 둘의 진정한 대화가 저는 안 된다고 생각하거든요.

A라는 사람과 B라는 사람이 진짜 대화를 하려면 본인의 진짜 생각을 얘기해야 여기서 서로 다른 것들을 찾아낼 수도 있고, 그다음에 뭔가 합의를 이루거나 할 수도 있는 건데요. 타인의 생각을 갖고 자꾸 얘기하면 그거는 내 생각이 틀렸다고 인정도 못 합니다. 왜냐하면 내 생각이 진짜 내 생각은 아니니까 인정도 못 하고 뭔가 그냥 기분만 서로 나쁜 거예요. 얘가 내 얘기에 동의하지 않는 거는 뭔가 그냥 내 걸 침해하는 것 같고.

사실은 만약에 이게 진짜 내 생각이었다면 오히려 '아, 내 생각 중에 이건 좀 틀릴 수 있겠구나'라고 자신감 있게 얘기할 수 있을 텐데 그것도 못하게 되는 것 같아요. 그래서 더 괜찮은 대화나 커뮤니케이션을 위해서라도 제발 조금 틀리거나 아니면 좀 부족한 생각이라도 본인 생각을 자꾸 좀 해보자, 적어도 우리 세대까지는 그게 안 됐다면 다음 세대들은 그랬으면 좋겠다는 바람이 좀 있는 거죠.

의심하라, 끊임없이 자문하라

지승호 자기 생각이 뭔지를 의심하고 그렇게 내가 진짜 원하는 게 뭔지를 고민하는 이런 힘이 유튜브 사이트를 기획하고 성공시키는 힘이 되는 것 같은데요. 사이트를 기획할 때 어떤 점을 가장 중요시하시나요?

정영진   저한테 유튜브 어떻게 하면 잘하냐고 물어보는 사람들이 꽤 있어요. 자기도 이제 좀 하고 싶은데 어떻게 하는지 잘 모르겠으니까, 제가 그래도 좀 잘하는 것 같으니까 물어보는 분들이 있는데요. 그러면 제가 거꾸로 물어보거든요. '너 뭐 하고 싶냐?'고. 그럼 뭐 좀 블로그나 브이로그처럼도 하고 뭐 그냥 뷰티도 좀 하고 이렇게 막연하게 얘기하는 분들이 많아요. "왜 그걸 하냐?" 물어보면 그게 사람들도 좀 좋아할 것 같고 뭐 이런 피상적인 얘기들을 많이 하는데요. 제가 "어떻게 하면 유튜브 성공한다"까지는 말 못 해도 "그렇게 하면 실패한다"고는 확실히 얘기할 수 있거든요.

유튜브는 적어도 아주 특별한 연예인이나 알려진 사람이 아닌 이상, 아니면 어마어마한 콘텐츠가 진짜 있지 않은 이상은 꽤 오랜 기간 정기적으로 업로드하고, 사람들과 소통하는 게 매우 필요한데요. 대부분의 사람들이 그 기간을 못 견디거든요. 3개월, 6개월 지났는데도 별로 조회 수도 안 나오고 그러니까. 정말 내가 하고 싶은 얘기 아니면 정말 내가 좋아하는 것 이런 거를 내가 찾아서 사람들한테 이런 이유로 좀 보여주고 싶다, 이게 있어야 되는데요. 본인 생각도 아닌 그냥 주변에서 너 말 좀 잘하는 것 같다, 아니면 너 좀 재밌다, 이러면 '한번 유튜브 해보라' 이런 얘기 많이 들으니까 그런 얘기 듣고 '그냥 한번 해볼까' 이런 생각을 하는 거니까요. 그래서는 거의 100퍼센트 제가 실패한다고 장담할 수 있거든요.

그래서 늘 물어봐요. 그 친구들한테 뭘 정말 하고 싶고 네가 좋아하는 게 뭐고 그리고 네가 거기에 대해서 뭘 알고 있는지. 물론 그렇지 않고도 가끔 성공하는 애들은 있어요. 그런데 그 성공을 우리도 기대할 수 없는 거고, 그건 로또 사서 당첨되기를 기대하는 거랑 비슷한 거니까요. 그걸 기대할 수는 없고 최소한 내가 좋아하는 걸 내가 좋아하는 방식으로 사람들한테 어필할 수 있게 6개월이든 1년이든 해보고 거기서 문제 생기면 이렇게 이렇게 바꾸라고는 제가 조언을 해줄 수는 있는데요. 들어보면 대체로 처음 시작부터 제가 뭘 하고 싶은지, 뭘 좋아하는지, 그리고 어떤 얘기를 내가 지금 이 사람들한테 왜 해야 되는지, 그리고 사람들은 시간을 내서 도대체 자기 얘기를 왜 들어야 되는지 그거에 대해서 답을 하는 경우가 너무 적은 거예요.

그러니까 그렇게 해서는 안 된다고 제가 많이 얘기를 해주죠. 제가 유튜브로 성공했다고 하지만, 굳이 따지자면 사실은 안 된 것도 꽤 있는데요. 이제 잘 된 게 조금 많아서 만약에 누군가 그 이유를 물어보면 저는 그렇게 대답은 할 수 있을 것 같아요. 일단 제가 여러 콘텐츠를 하지만 과학 같은 경우도 제가 진짜 궁금해서 물어보는 거거든요. 대본도 거의 없어요. 내가 궁금해서 물어봐야 사람들도 마찬가지로 나랑 비슷한 궁금증을 가질 수도 있을 거고요. 그냥 써 있는 거 물어보면 금방 사람들이 알거든요.

그리고 얼마나 많은 콘텐츠가 시시각각 쏟아져 나오는데 그중에서 어떤 특정 A를 선택해서 내가 보기로 결정한다는 건 대단한 노력이자 에너지 소모입니다. 그 에너지를 나한테 쓰게 만들기 위해서는 진짜 내가 좋아해야 하고 설령 선택을 못 받아도 내가 상처를 많이 안 받아야 합니다. 그러니까 내가 진짜 좋아하고 내가 사람들한테 해 줄 수 있는 말이 있는가 혹은 사람들이 진짜 나한테 들을 만한 말이 있는 그런 콘텐츠를 좀 해야 한다고 얘기를 하고, 저는 가능하면 그렇게 하려고 하고 있고요. 물론 돈 때문에 하는 경우도 있는데 그건 돈으로 또 되는 거니까요.

지승호   보통 과정은 생각 안 하고, 어떤 사람이 얻은 결과만 생각하고 '나도 저렇게 되고 싶어'하면서 하다 보니까 안 되는 경우가 많다는 말씀이시네요.

정영진　네. 그것도 비슷한 얘기긴 하겠습니다만, 또 하나는 타인의 성공을 우리가 되게 좋아하죠. 그리고 당연히 거기에 눈길이 더 많이 가는 거는 그럴 수 있는데요. 거기까지 올라가는 사람들의 과정을 저는 비교적 다른 사람보다는 좀 많이 직접 옆에서 본 것 같기는 해요. 그런데 그 삶이 진짜 대단하다는 생각이 드는 분들이 되게 많거든요. 그리고 저는 눈 건강을 좀 잃었습니다만, 정말 보통의 노력으로는 그렇게 성공하기가 매우 어려워요. 그래서 제주도에서 1년, 2년을 요양하는 분도 있고, 그다음에 유튜브 하는 것도 그냥 재밌는 얘기만 하고 이렇게 성공하는 사람보다는 저는 24시간 중에 잠자는 시간 대여섯 시간 빼고 그것만 생각하는 사람들을 훨씬 많이 봤어요.

그러니까 그 정도로 노력하고 집중하고 시간을 투여하고 에너지를 투여하지 않으면서 거기에다 대고 내가 그 사람들과 비슷한 결과물을 얻고 싶어 하는 건 도둑놈 심보라고 보고요. 아니 어떻게 그 사람만큼도 안 하면서 그 사람만큼 성공을 하려고, 그 사람보다 더 성공하려고 하나요? 적어도 뭔가 비즈니스를 한다 혹은 유튜브라고 그냥 제한적으로만 말하더라도 정말 그 유튜브 채널 그거를 위해서 하루 18시간, 20시간을 계속 이거랑 비슷한 콘텐츠 비교해 보고, 딴 사람이 성공한 이유는 뭘까 생각해 보고 나는 그럼 여기서 뭘 할 수 있나, 내가 남들과 다른 건 뭐가 있을까, 이슈가 될 만한 건 뭐가 있을까를 끊임없이 고민하고 계속 수정하고 해놔야 그래도 될까 말까 하고, 시청자들이 선택을 해 주는 건데요. 그것도 안 해놓고 되기를 바라는 거는 되게 무모한, 그리고 심하게는 좀 나쁜 심보라고 저는 생각을 합니다.

지도층이라면 책임감을 가져야

지승호 그런데 오늘(2025년 3월 7일) 오다 보니까 속보가 떴지 않습니까? 윤석열 대통령 구속이 취소됐는데 그건 또 어떻게 생각하시나요?

정영진 제가 사실 그 판결에 대한 정확한 워딩을 다 읽지는 못했는데요. 법적인 것이기 때문에 일단 우리 법체계에서 사는 우리들로서는 그 판단에 대해서 존중은 당연히 해야 될 것 같기는 하고요. 다만 그 법적 판단을 빼고 우리의 정치 지형이나 아니면 지금 현재 국민들의 여론이 쪼개진 거 이런 것들을 생각하면 대단히 큰 혼란이 다음 주 내내 이어질 가능성이 좀 크겠다는 생각을 합니다.

탄핵 심판에 영향을 주지 않을 거라고는 하지만 사람들이 받아들이는 인식이 꽤 많이 다를 것 같긴 하거든요. 이대로 가면 이거 구속도 취소되고 탄핵도 혹시 안 되는 거 아닌가 이런 등등의 생각도 하실 수도 있고요. 아마 정치권에서도 지금 굉장히 다른 얘기들을 많이 하고 있는 것 같은데, 그래서 아마 다음 주말 되기 전에 탄핵 판결 결과가 나올 거라고 생각은 하는데요. 보통 그렇게 예상하고 그 한 주 그러니까 지금부터 따지면 한 열흘 정도의 시간이 되게 많이 힘들거나 소모가 좀 심할 것 같다는 생각이 듭니다.

근데 이게 좀 길게 보면 당연히 우리나라가 겪었어야 될 과정이긴 한데요. 어쩌면 민주주의라는 거를 우리가 그냥 너무 손쉽게는 아닙니다만 다른 민주주의 국가들에 비해서 에너지를 덜 썼던 게 이런 식으로 하나씩 하나씩 오는 건가 하는 생각도 들긴 하고요. 만약에 판사가 이런 혼란까지 고려를 좀 했다면, 이런 결정을 내리는 거는 조금 성급하지 않았을까 싶죠. 왜냐하면 이건 정말 누구도 예상 못 했던 상황이잖아요. 이런 결과에 대해서는 언론에서도 별로 관심도 안 가졌어요. 당연히 이런 일이 일어날 거라 생각도 안 했고, 너무나 큰일을 지금 그 법원이 한 건데요. 저는 매우 중요한 정치적 위치에 있는 사람들 혹은 법적 판결을 내려야 되는 사람들은 적어도 본인의 결정에 의해서 일어날 수 있는 일에 대한 일말의 책임감을 가져야 된다고 생각을 하거든요.

그 판사가 됐든 혹은 정치인들 국회의원이나 아니면 지도자급 사람들이 됐을 때 자신이 한 말, 자신이 한 결정, 자신의 입법 등등에 대해서 "그냥 법적으로는 난 할 수 있으니까 했다" 정도가 해명이나 어떤 변명이 되는 것 같지는 않고요. 본인의 판단에 의해서 벌어진 일 그리고 충분히 예상 가능한 일에 대해서도 당연히 책임을 어느 정도는 져야 되는 것 같다. 그래서 이번 판단에 대해서 그 판사는 그 정도의 책임감을 갖고 내린 건지는 약간 의심을 하기는 합니다.

지승호 사실은 탄핵이 인용이 되든 아니면 기각이 되든 양쪽 다 승복을 하기가 쉽지는 않을 것 같거든요. 그래서 그 부분에 대해서 유튜브나 SNS로 인한 편향성이나 편 가르기가 더 심해지고 있다고 지적을 하셨는데요.

정영진 맞습니다. 예전에 젠더 갈등이 굉장히 심할 때 이런저런 데 가서 했던 얘기 중 하나가 이건데요. 그게 한 2016년 아니면 17, 18년 이쯤이었을 것 같습니다. 그때 사람들이 너무 SNS 같은 걸 많이 쓰면서 읽게 되는 글의 길이가 굉장히 짧아지고 사람들의 생각과 판단의 길이도 역시 마찬가지로 비례해서 짧아진다는 생각을 했거든요. 그래서 사람들의 생각이 짧아지면 감정의 크기는 커지는데 사고의 깊이는 당연히 얕아지겠죠. 그리고 상대방의 이야기를 듣고 한 번쯤 고민해 볼 시간도 당연히 없을 테니까 감정의 크기만 매우 커지고 나머지 옳고 그름을 판단하거나 아니면 상대방의 입장에 대한 배려를 할 시간은 없어지는 것 같아요. 그러다 보니까 지금 이렇게 편향성이 점점 커진 거고. 물론 유튜브 알고리즘이든 이런 것도 점점 그걸 더 가속화한 측면이 있는 것 같고요. 그래서 지금은 나와 다른 생각을 가진 사람의 이야기를 접하지도 못하고.

기본적으로 예전에는 우리 지승호 작가님도 종이신문 많이 읽으셨겠습니다만 그때는 어쨌든 나와 다른 생각들도 어쩔 수 없이 읽을 수밖에 없고 아니면 TV에서 뉴스를 하더라도 양쪽의 의견을 어쨌든 의무적으로 보도를 해 주니까 '아 저거 아닌 것 같은데' 하면서도 일단 접하긴 하잖아요. 요즘은 그냥 내가 좋아하는 뉴스만 얼마든지 골라볼 수 있고 계속 그렇게 추천을 해 주니까 이제 조금도 불쾌할 시간도 없고 그냥 계속 기분 좋은 거죠. 이런 강력한 감정의 크기만 커진 사람들의 의견, 여기다가 또 그게 돈이랑도 또 연결이 되지 않습니까? 그런 이야기를 더 세게 하는 사람들에게 큰 경제적 이득까지 가져다주니까. 그 사람들이야 당연히 아주 심한 이야기까지도 서슴지 않고 하게 되는 거고요. 그걸 누구도 제재하지 못하니까요. 만약에 유튜브가 우리나라 것만 됐어도 법적인 책임이나 이런 것들이 더 무거웠을 텐데 외국에 서버를 둔 회사다 보니까 그런 거에서 좀 자유롭기도 하고요.

그렇게 강한 그리고 큰 목소리를 내는 사람들이 양쪽에 점점 몰려 자석처럼 더 끌어가고 사람들은 사고의 깊이나 길이가 얕고 짧아지면서 그쪽으로 점점 더 붙게 되고 중간 지역이 약간 텅 비거나 좀 진공 상태가 되는 것 같아요. 아니면 이 가운데 있는 사람들이 그냥 목소리를 아예 안 내거나 너무 양쪽이 시끄러우니까, 그냥 너무 지긋지긋하니까 아예 무관심으로 전락하거나 이런 일이 벌어지는 것 같은데요. 아마 이거는 당분간은 우리가 어떻게 할 수 있는 상황은 아닌 것 같고요.

이 상황에 대한 깊은 반성이 몇 년 후부터 꽤 오랜 기간 아마 지속이 될 것 같습니다. 왜냐하면 세상이라는 건 그렇잖아요. 뭔가 이렇게 문제가 심각하게 가야 '아 그게 진짜 문제였다'고 생각을 해서 다시 반대로 가는 경향들이 있으니까요. 제가 판단할 때는 올해, 내년 정도까지, 아니 제가 볼 때는 이미 10년 이상은 된 것 같은데요. 이런 양극단으로 가는 게. 이걸로 아주 극단의 맛을 사람들이 좀 보고 그리고 나서는 이제 좀 되돌리려는 움직임들이 아마 한 5년 내지 10년 후부터 강하게 일어날

것 같아요.

'지금의 극단적인 이런 모습들은 지금은 어쩔 수 없는 것 같다, 누가 어떻게 막을 수 있는 것도 아닌 것 같다, 또 어떤 지도자가 나온다고 해서 그게 해결될 것도 아닌 것 같다, 그냥 이런 현상들을 우리가 감내하고 우리가 책임져야 할 몫인 것 같다, 지금을 사는 우리나라 사람들이 이 값을 다 치러야 아마 그거는 끝날 일인 것 같다'고 저는 생각합니다.

지승호   지난번 미국 대선 때 트럼프가 결과에 불복하면서 그의 지지자들이 의사당에 난입했을 때 우리가 '야 미국은 진짜 망해 가는구나'라고 생각을 했는데 우리도 이번에 탄핵 반대파 상당수가 서부지법에 난입하는 사태가 벌어졌고요. 말씀하신 것처럼 그런 반성의 흐름이 오래 이어져야 될 텐데요. 이걸 완화하기 위해서는 뭐부터 먼저 해야 된다고 생각하십니까?

정영진   제가 정치 전문가는 아니지만 '우리 정치가 왜 그럴까?'를 저도 종종 고민을 하는데요. 사실 우리나라에 양당이라고 하는 민주당과 국민의힘 현재 그 둘의 정강이라든지 정책적 차이가 물론 일부 있긴 합니다만, 상당 부분 비슷하잖아요. 심지어는 어떤 정책이나 이런 것들은 오히려 민주당이 더 우파스럽기도 하고, 어떤 거는 또 국민의힘이 더 좌 쪽에 가 있는 경우도 종종 있습니다.

우리는 사상적인 혹은 정치 철학적인 것 때문에 좌우로 갈라진 것 같지는 않고, 그냥 동쪽이냐 서쪽이냐 그다음에 플러스 하나가 북한에 대한 입장이 어떠냐 여기서 추가로 조금만 더 하자면 미국에 대한 입장, 그다음에 일본에 대한 입장이 뭐냐에 대해서 양쪽이 좀 갈라져 있는 것 같아요. 원래는 진보나 보수나 따질 때는 외국 같은 경우는 세금을 어떻게 할 거냐 아니면 낙태 문제를 어떻게 할 거냐 이런 몇몇 중요한 팩터들이 있잖아요. 그런데 우리는 그런 것과는 무관하게 대체로 큰 차이는 없는 것 같아요. 물론 성장이냐 분배냐 얘기는 하긴 합니다만. 양쪽이 그런 철학적 차이가 전혀 없는 상황에서 지역적 차이만 있고 혹은 조금 더 진보스러워 보이는 혹은 조금 더 보수스러워 보이는 정도의 차이 정도만 있는 거라 더 싸움이 치열한 것 같기도 하거든요.

왜냐하면 둘이 확연하게 차이가 있으면, 그러니까 사상적으로 확연하게 차이가 있으면, 예를 들어 작은 정부를 지향하는 걸 좋아하고 세금 덜 내는 걸 좋아하고 이런 사람들은 지역에 상관없이 아마 보수당을 지지할 거고 좀 더 분배에 힘을 실어야 한다고 생각하는 사람들은 지역에 상관없이 역시 진보 쪽 정당을 지지할 텐데요. 그런 진보 보수가 거의 없으니까 그냥 상대의 정책이나 정치보다는 상대 인물에 대해서 더 비난하고 그런 게 우리나라가 좀 심한 것 같아요.

그래서 저는 이걸 조금이라도 줄이려면 현재 정치 시스템으로는 조금 어려울 것 같다고 생각합니다. 그래서 같은 지역에서 이 당 저 당을 뽑을 수 있는 이른바 중대 선거구 이거라도 가면 현재보다는 좀 나아지겠다, 단기적으로 제 생각은 그렇습니다. 이거라도 해야 그래도 광주에서도 국민의힘 사람이 뽑히고 대구에서도 민주당 사람이 뽑히고 이런 일들이 좀 있어야 지금보다는 좀 덜 할 것 같다는 생각은 하고요.

장기적으로는 정당들이 자신들의 고유한 정치 철학을 가진 정당으로 좀 바뀌어야 될 것 같아요. 그러니까 민주당이 예를 들어 진보적 성향이라고 한다면 진보적인 정책 내놓고 진보적인 사람들이 모여서 진보적인 아젠다로 계속해서 끌어가야 하고, 보수를 지향한다고 하는 국민의힘이라면 진짜 보수적인 정책들 내세우고, 장기적으로는 그렇게 좀 가야 할 것 같구요.

현재 뽑힌 사람들은 워낙 지역 기반의 사람들이라 이 사람들한테 정책석으로 어떻게 하라 하기 힘들 것 같아요. 왜냐하면 호남에서 뽑힌 사람은 본인이 보수의 성격, 보수의 정치적 지향을 갖고 있어도 그걸 못 할 거 아니에요, 현재로서는. 그러니까 그런 것이 해결되려면 하여튼 양쪽이 다 정당이든 정책이든 진보나 보수의 확실한 성격을 띠고 가는 게 저는 좋겠다고 생각을 하고 단기적으로는 그런 중대 선거구나 이렇게 선거구제 개편으로 지금의 이 극단적인 상황은 조금 줄일 수는 있겠다고 생각합니다.

그런데 그것도 못 할 것 같은 생각이 좀 들어서 결국은 다 값을 치러보고 겪어보고 정말 이러다 나라가 망하겠다는 생각 정도가 들어야 아마 국민적인 요구도 좀 세지고 정치인들도 거기에 호응을 할 텐데 현재 상황으로는 양당의 기득권 세력이 그걸 별로 포기를 안 할 것 같아요.

지승호   넷플릭스 드라마 〈오징어 게임〉 대사처럼 "이러다 다 죽어"라는 상황이 되어야.(웃음)

정영진   그 정도는 돼야. 근데 진짜 몇 년 못 가서 아마 그 비슷한 얘기들은 나올 것 같습니다.

경제 콘텐츠의 신경지를 연 〈삼프로 TV〉

지승호   어제 보니까 〈삼프로 TV〉 구독자가 266만이던데요.

정영진　아, 그런가요?

지승호　〈삼프로TV〉를 론칭하게 됐던 어떤 계기 같은 건 있으신가요?

정영진　기본적으로 제가 무슨 대단한 콘텐츠가 있어서 뭘 한 적은 없어요. 괜찮은 콘텐츠가 있는 사람을, 제가 겸손하게 표현하면 그 옆에 잘 꼽사리를 낀 거고, 건방지게 표현하자면 그런 사람들을 잘 골라낸 거거든요. 예를 들면 〈불금쇼〉의 최욱이라든지 아니면 〈일당백(일생 동안 읽어야 할 백 권의 책)〉의 정박 님이라든지 삼프로의 이 프로, 김 프로님이라든지. 그러니까 결국은 진짜 괜찮은 사람들 옆에서 그 사람들이 더 빛을 낼 수 있게 해주는 게 제 역할인 것 같아요.

그런데 삼프로 같은 경우는 김 프로(김동환)님이 지금 대표신데, 김동환 대표랑은 예전에 방송에서 한 번 만났었는데 그 해당 분야에 대한 풍부한 지식과 식견이 있으시고, 그 업계에서 오래 일을 하셨으니까 뭘 여쭤봐도 충분히 제가 알아듣도록 설명을 잘 해주시는 분이었고요. 그다음에 이진우 기자라는 분은 경제 기자로서 오래 계셨는데 그분은 진짜 그 경제, 우리는 좀 어렵다고 많이 생각하는데 그 경제적으로 어려운 단어든 아니면 상황이든 수치든 이것들을 기가 막히게 쉽게 설명을 잘해줘요. 그건 정말 국내 원 탑인 것 같고 또 목소리와 톤이 그렇게 친절할 수가 없어요. 아주 친절한 이진우 기자, 그리고 김동환 대표랑 방송으로 한두 번 뵀었는데요.

우리나라 경제 콘텐츠가 사실 마땅한 게 별로 없었거든요. 그때만 해도 주식 정보 하면 어떤 사람이 "그냥 주식 이렇게 하세요. 이거 사면 돈 벌어요. 이거 사면 망합니다" 이런 거 정도 말고는 없었습니다. 진짜 주식 투자 쪽에 그 '사짜'들 말고 진짜 전문가들이 일반 투자자들을 만날 일이 그전까지는 없었는데 김 프로가 "내가 그런 사람들은 많이 알고 있다. 누가 진짜인지 가짜인지도 잘 알고 있고, 그런 사람들 접촉도 얼마든지 할 수 있다"고 해요. 그리고 이 프로는 우리 같은 사람들한테 매우 어려운 말이니 그 사람들이 하는 말을 잘 풀어줄 수 있는 능력이 있다고 해요. 그러면 저는 좀 딱딱해 보일 수 있는 경제 프로그램을 조금 부드럽게, 그리고 사람들이 듣기에 좀 재미있게 얘기할 수 있는 정도의 능력은 있다고 생각하니까요.

셋이 모여서 경제 콘텐츠 하나 해보면 어마어마한 성공까지는 몰라도 적어도 경제 콘텐츠 중에는 그래도 1등 정도 할 수 있지 않겠나 생각했습니다. 왜냐하면 저는 그전에 팟캐스트 같은 걸로 몇 번 이것저것 해서 잘 된 게 좀 있어서 그 정도 감은 있었죠.

그때 유튜브가 있긴 있었어도 아마 그렇게 크게 성장을 안 했을 때니까 '그냥 팟캐스트로 한번 해보자' 그래서 라디오처럼 시작을 하게 됐죠. 그런데 예상대로 사람들의 많은 호응을 얻게 됐고, 하다 보니까 한 1년 정도 지났는데 유튜브가 그때부터 막 조금씩 조금씩 성장을 했었어요. 그래서 "어차피 그냥 골방 같은 데 모여서 하는데, 핸드폰만 켜면 유튜브 되는 거 아니야" 이런 생각에 유튜브도 시작을 한 거죠. 그런데 또 그게 마침 사람들이 유튜브로 많이 전환하던 시기였고 거기다가 코로나가 터지면서 사람들이 움직이질 못했잖아요. 집에서 뭐 하겠어요? 맨날 팟캐스트 듣고 유튜브도 계속 보겠죠. 그러면서 급성장을 2020년 그때 하게 된 거죠. 지금의 이 많은 분들과 함께할 수 있던 운도 좀 좋았고요. 준비도 좀 잘 했던 것 같습니다.

지승호 사람을 그렇게 진짜와 가짜를 구별할 수 있는 것도 본인의 확고한 생각에다가 어떤 의심과 독서의 힘 이런 것이겠네요.(웃음) 그런 부분에서 혜안이 있으셨던 거잖아요.

정영진 혜안까지는 모르겠는데, 하여튼 감은 좀 옵니다.(웃음) 그러니까 이 사람이 진짜 뭐가 좀 있다, 없다는 감이 좀 오고요. 심지어 한 번은 〈삼프로 TV〉 팟캐스트 막 할 때 어떤 분이 오셨는데, 나름 경제전문가라고 알려진 분이었어요. 근데 오셔서 한 20분 만에, 누구라고 특정은 안 하겠습니다만 하여튼 거의 박

살이 났어요.

왜냐하면 그때까지만 해도 경제 전문가라고 하면 적어도 이렇게 무슨 TV나 라디오 같은 데 나오면 보통 그냥 한 10분, 15분이었거든요. 그냥 어떤 이슈에 대해서 그냥 설명해 주고 넘어가고 넘어가고 이러니까 그 사람이 진짜 그 정도로 전문가인지 아닌지를 사람들이 다 몰랐던 거죠. 그런데 그 양반을 우리가 초청한 것도 아니고 저희 채널, 그때는 〈경제의 신과 함께〉였는데요, 그게 좀 뜨니까 자기가 나오고 싶다고 자신 있게 얘기를 하더라고요.

그래서 워낙 이름도 알려지고, 업계에서 방송국을 워낙 많이 다니던 분이라 "그래 한번 모셔보자. 말씀 잘 하실 테니까" 해서 모셨는데 셋이서 물어보는데 바닥이 금방 드러나는 거예요. 그때는 한 사람 불러다가 한 3시간, 5시간 이렇게 할 땐데 20분 만에 거의 바닥이 나버리니까. 물어봐도 답도 못 하고 엉뚱한 얘기 자꾸 하고 이러니까, 한 시간을 어떻게 꾸역꾸역 하긴 했는데요. 이렇게 실력 없는 사람들이 금방 눈에 보이더라고요.

근데 이건 한 예인데 누구랑 한 5분 10분 얘기해 보면 그 사람이 진짜 콘텐츠가 있는 사람인지 아니면 그래 보이는 사람인지 보이거든요. 이게 되게 웃기는데, 왜 가끔 보면 약간 동그란 뿔테에 수염 이렇게 위아래로 좀 기르고 약간 머리 희끗희끗하면 전문가 같잖아요.(웃음) 그런데 한 5분만 얘기해 보면 진짜 아무것도 아닌 경우가 너무 많아요.

지승호   사기꾼들도 많잖아요.

정영진   방송에서는 티 안 날 수 있어요. 제가 많은 분을 만나면서 느낀, 쌓인 경험일 수도 있고 아니면 워낙 제가 의심도 많고, 저는 제가 아무것도 아니라고 생각하지만 한편으로는 또 남들도 얼마나 대단하겠어, 이런 생각이 있어요. 기대가 없어요. 사람들에 대한.

그러니까 오셔서 얘기한다고 해서 그 사람이 이전에 쌓아왔던 어떤 권위나 이런 거에 제가 약해지지 않아요. 그래서 그냥 한번 편하게 이렇게 물어보면 대체로 뽀록이 나더라고요. 그런 사람들은 가능하면 제 콘텐츠에서는 아웃이죠. 그런 거 이제 배제하고 대체로 진짜들이 모여서 얘기하려고 하다 보면 콘텐츠도 잘 되는 것 같고, 저도 나름 궁금한 거 물어볼 수 있는 것 같고요.

약간 좀 별거 없는 사람이랑 얘기하면, 특히 방송에서 그러면 되게 불안해요. 왜냐하면 내가 물어봤는데 우물쭈물하고 이러면 전체가 좀 이상해지잖아요. 그러니까 좀 약한 사람들한테는 가능한 한 준비돼 있는 질문만 하거나 아니면 쉬운 질문만 하

거나 그렇게 하게 되죠. 그렇게 좀 많이 잡아냅니다. 제가.(웃음)

고민이 없어 보였던 어느 대통령 후보

지승호   검증 얘기 나오니까 지난번 대선 후보 토론이 생각나는데요. 그때 말씀하시기로는 한 분은 되게 적극적이었고 한 분은 좀 섭외가 어려웠다고 했는데 적극적이었던 쪽은 이재명 후보였을 것 같고요.(웃음)

정영진   예. 그렇죠.

지승호   토론하시면서 어떤 점을 느끼셨나요?

정영진   후보들을 인터뷰하고 나서 그 검증 사실 때문에 댓글들을 보면, "야, 삼프로 티비가 한국을 살렸다" 이런 반응도 많았는데요.(웃음) 저는 후보들에 대해서 정확히 알게 해주는 데 꽤 영향이 있었다고 생각합니다. 왜냐하면 그전까지의 TV 토론보다 오히려 이게 더 괜찮았다는 평가를 많이 받았거든요. 근데 결과는 그럼에도 불구하고 그렇게 됐었고요. 아마 2시간 정도 얘기를 했던 것 같아요. 누구라고 특정은 안 하겠고요. 한 분은 얘기하면서 저희가 물어보는 거에 대해서 깊은 고민이 없었다는 걸 직감했어요. 대통령이 꼭 모든 분야를 다 잘 알아야 하는 건 아니지만, 대통령을 하겠다면 고민은 있어야 한다고 저는 생각을 하거든요. 어떤 경제 이슈든, 뭐에 대해서도 참 고민이 별로 없으시다는 생각을 했습니다. 저래도 되나 싶은 생각은 들었는데, 문제는 그분은 그 대답에 스스로 너무 만족해 하시는 것 같더라구요.(웃음)

지승호   누구인지는 밝힐 수 없으시죠?(웃음)

정영진   누군지는 말씀 안 드렸습니다만 그분은 스스로 그거에 만족하고 있다는 느낌을 받았어요. 자기의 대답에. 그래서 적어도 제가 느낄 때는 '저 대답을 하고 만족을 한다고?'라는 생각을 했단 말이죠. 아니 어떻게 저 정도 대답을 해놓고 뿌듯하지 싶은 거예요.(웃음) 그래서 저는 참 편하게 사신다, 생각을 했었는데요. 근데 그 고민 없음이 결국은 지나면서 여러 군데서 드러났다고 봅니다.

지승호   그렇죠.

정영진   뭘 발표를 하게 되면 어떤 쪽에 영향이 가고 또 이런 부수적인 영향이 생기고 또 이쪽에는 굉장히 악영향이 올 수도 있고, 이런 여러 가지를 고민해야 할 거 아니에요. 그걸 다 고려해서 뭔가를 발표해야 하는데 발표하는 거 보면 정말 고민이 너무 없는 거예요. 그래서 제가 '후보 때 느낀 게 맞구나' 하고 생각했죠. 그러면서 심지어 그 설날 인사, 명절 때 뮤직비디오 나오지 않았어요. 저는 개인적으로 그거 되게 좋아했어요. 너무 재밌어. 하여튼 그때만 하더라도 '대통령이 저런 연기를 한다고?' 막 이러면서 너무 재미있었는데요. 그거 역시도 '고민은 참 없는 분이었구나. 고민 없는 그런 분을 우리가 그 자리에 올렸구나'라는 생각을 좀 많이 하게 됐습니다.

지승호 말씀하신 대로 대통령이라고 다 알 수는 없겠지만 그래도 고민은 좀 해야 하는데 말입니다. 보면 이분은 토론 같은 데서는 준비된 말만 하거나 묵비권을 행사하거나 아니면 굉장히 막 버벅거리시다가 사석에서는 60분 중에 59분을 말씀하신다니까 결국 그런 데서 문제가 발생한 게 아닌가 하는 생각을 했습니다. 정작 얘기를 해야 할 때는 침묵하고, 평소에는 남의 얘기를 듣지 않고 자기 얘기만 쏟아내는 그런 게 문제가 있었다는 생각이 드는데요. 근데 그걸 그때 토론 때 느끼셨던 거네요. 누구라고 밝히시진 않으셨지만.(웃음)

정영진 밝힐 수는 없지만, 그때는 적어도 우리 질문을 받기는 했어요.

그렇게 막 59분씩 얘기하지는 못했고, 우리 질문을 받았는데요. 이 프로 형의 날카로운 질문이나 이런 것들에 대해서도 A를 이렇게 쭉 해서 물어보면 정확히 A에 대한 답변을 잘은 못하더라고요. 그냥 어느 정도 수준이었냐면 그냥 일간지, 아니야 일간지도 아니고 연예 매체에서 정치권 뉴스 다룰 때 정도의 수준으로 대답하더라구요. 가끔 그런 게 실릴 때 거기가 깊이는 없잖아요. 깊이가 있을 필요도 없고 사람들이 원하는 게 그게 아니니까.

그냥 아주 피상적으로 그냥 다른 어디 신문에서 보고 그냥 요약한 정도로만 말을 하는데, 그 정도 느낌으로 얘기를 하시더라고요. 그래서 진짜 너무 고민도 없으시고 답변도 제대로 못 한다 싶었죠. 그러나 저는 그럼에도 불구하고 그만큼 표를 줬다는 거는 국민들이 책임을 져야 할 부분이라고 봐요. 그 사람 하나 욕하고 그 사람 하나 쫓아낸다고 해결될 문제라고 생각하지 않고요.

제가 되게 싫어하는 게 정치인들이 "우리 국민들의 위대한 선택" 어쩌고 하는 거, 저 그런 말 되게 싫어하거든요. 국민들 책임이지 뭘, 물론 그 사람이 잘못한 거 있죠. 그러나 그 사람이 그럴 거라는 거에 대해서 몰랐을까, 아니면 알면서도 대충 귀찮으니까 아니면 아니 그 사람 전에 이쪽 사람이 너무 싫었으니까 저쪽 사람의 그 부동산 이런 게 난 너무 싫었으니까 그냥 딴 쪽으로 갈래, 이 정도로 심플하게 생각하고 찍어준 거 아니에요.

그래놓고 무슨 대단히 피해 본 것처럼 얘기를 하는데, 저는 그렇게 생각하지 않습니다. 국민들이 다 책임져야 할 몫이라고 봐요. 저는 국회의원 잘못 뽑은 것도 뽑아준 사람이 잘못이라고 생각하는 사람이거든요. 자기들이 뽑아놓고 누구한테 뭐라고 그래. 4년 동안 5년 동안 그 권력을 줘 놓고. 물론 그 뽑힌 사람의 잘못이 없다는 얘기는 전혀 아닙니다. 그래도 뽑아준 사람의 책임이 저는 더 크다고 봐요.

지승호　국민의 책임이 적지 않다. 오히려 더 크다.

정영진　네. 오히려 더 크다고 봐요. 그걸 뽑아놓고 잘 감시도 안 해요. 그리고 그냥 자기네들은 할 일을 다 했다는 듯이 막 나중에 욕하는 데, 신났어. 본인들의 선택인데요. 물론 본인은 안 뽑았을 수 있지만 그럼 적어도 그거 뽑을 사람들에 대해서 설득은 했었어야죠. 왜냐하면 그 사람이 우리나라 전체에 엄청나게 영향력을 줄 게 자명한 일인데.

물론 그만한 위치에 있지 않은 사람에게 너무 책임을 가혹하게 묻는 것도 좀 문제긴 하지만 적어도 그 중요한 자리에 갈 사람을 뽑는 사람의 책임 역시도 전 가볍다고 생각하지는 않거든요. 그렇게 잘못 뽑았으면 잘못 뽑은 거에 대한 후과는 우리 모두 같이 나눠 져야 한다고 저는 생각을 하고 그래서 지금 이제 그 과過를, 이 경제적 어려움과 함께 대혼란으로 우리가 겪고 있다고 생각을 합니다. 이제 우리도 반성 좀 하자는 거죠.

속아서 뽑아준 사람 책임이 더 크다

지승호   언론계 사람들을 기레기 어쩌고 하면서도 좋은 언론이 나와도 보지도 않는 것과 비슷한 맥락인 거네요.

정영진   맞아요.

지승호   거기에 대해서 별로 귀 기울이지 않으면서 그냥 무조건 언론만 탓하고 "우리는 문제가 없다"고 얘기하는 건 문제가 있다, 이렇게 말씀하시는 건데요. 그리고 그때 토론을 보고서도 느꼈겠지만, 정치는 말로 설득을 하는 건데 '대통령은 진짜 토론이 되는 사람을 뽑아야 되겠구나'라는 생각을 또 굉장히 절실하게 했습니다.

정영진   우리가 이게 한 번이 아니잖아요. 우리가 정말 딱 한 번 잘못했으면 저는 한 번 정도는 속을 수 있다고 생각하지만 몇 번 속았습니까? 이거는 계속 속는 사람도 문제고 또 어떤 분들은 그럼 양당제에서 둘 중에 하나인데 어떡하냐고 이런 얘기도 하시는데요. 양당제이긴 하지만 양당이 법으로 딱 두 당만 있어야 된다고 규정하는 건 아니고 새로운 길도 얼마든지 모색해볼 수 있잖아요.

지승호   점진적 변화라도.

정영진   그렇죠. 물론 제도가 충분히 민의를 담지 못하는 측면도 없지 않아 있습니다만, 그러면 그 민의를 담으라고 자신이 지지했던 사람들한테 끊임없이 계속 요구라도 하거나 그런 요구도 잘 안 하면서 뭘, 그냥 "이 사람 좋아해요. 저 사람 좋아해요. 저 사람 악마예요. 이 사람 영웅이에요" 이거 영웅 놀이와 악마 놀이 그거에만 신경 쓰는 사람들이 무슨 그렇게 할 말이 많은가, 하고 생각합니다. 욕먹을 얘기긴 하지만 어쨌든 저는 그렇게 생각을 합니다.

지승호   만약에 탄핵이 인용이 되면 대선을 하게 되는데요. 혹시 대선 토론 준비는 하고 계신가요?

정영진　물론 하죠. 지금 몇몇 분들은 인터뷰를 했고요. 그래서 이재명 대표 같은 경우가 지지난 주인가 업로드가 됐지만 아직은 대선 주자라고 할 수는 없죠. 왜냐하면 본격 대선이 시작된 건 아니니까. 그런데 대선이 본격적으로 시작되면 다시 모시긴 할 텐데 지금은 약간 예비적으로 혹은 경제 이슈에 조금 더 천착해서 좀 여쭤보기는 합니다만 당연히 이제 더 여쭤볼 거고요. 지금은 제가 삼프로에서는 좀 더 경제적인 거 여쭤볼 거고, 〈장르만 여의도〉라고 정치 프로를 하나 하는데 거기에서는 정치에 대해 더 집중적으로 여쭤볼 생각입니다.

지승호　이재명 대표는 여러 번 인터뷰도 하셨을 텐데 장단점이 뭐라고 생각하세요?

정영진　제가 감히 이재명 후보에 대해서 말을 하는 게 너무 조심스러워요. 워낙 예민한 시기이기도 하고 또 열정적인 팬분들이 많잖아요. 제가 한 명의 유권자 정도 그러니까 삼프로 진행자나 아니면 〈장르만 여의도〉 진행자가 아닌 유권자 정도로 생각을 한다면 굉장히 여러 분야에 경험과 지식이 있고, 공부를 하고 있는 분이라고 저는 생각을 해요. 그리고 해당 분야 전문가들이랑도 대화를 많이 하신다는 느낌을 받아요. 왜냐하면 그냥 책이나 이런 걸로 아니면 미디어를 통해서 알 수 없는 것도 꽤 많이 알고 계시더라고요.

그래서 저는 여러 분야에 대해 상당한 공부가 돼 있는 거는 인정하지만, 공부가 많은 것과 방향성이 어떤 거냐는 좀 다른 얘기잖아요. 그 방향성에 대해서는 저는 동의하는 부분도 있고 그렇지 않은 분야도 꽤 있어요. 그리고 기본 시리즈라든지 이런 거에 대해서도 아마 나중에 인터뷰를 하게 되면 또 여쭤볼 생각이긴 한데요. 과거에 예를 들면 소득주도 성장이나 기본사회나 어쩌면 좀 비슷하게 사람들에게 들려질 수 있는 것도 좀 있어서 거기에 대한 생각들도 좀 여쭤보긴 할 텐데 하여튼 현재 제가 느끼기에는 굉장히 공부를 많이 하셨다, 또 집중적으로 전문가들을 많이 만나고 있는 것 같다는 느낌, 그다음에 가고자 하는 방향이 제가 바라는 방향과 좀 맞는 것도 있고 아닌 것도 좀 있는 것 같다는 정도만 말씀드릴게요.

그리고 여러 굴곡이 좀 있으시잖아요. 그러다 보니까 어떨 때는 정적 내지는 정치적 상대에 대해서 좀 시원한 면이 있기도 한데, 그게 지지자들도 굉장히 바라는 부분이기도 하고요. 그런데 그 지지자들의 강력한 바람 때문에 그 시원한 것만을 많이 보여주다가는 가볍거나 과격하게 느껴질 수도 있겠다, 정도로 한 번 말씀드리면 어떨까 싶습니다.

트럼프 시대에도 공략할 틈은 있어

지승호 지금 트럼프가 집권해서 세계가 모두 촉각을 곤두세우고 있는데 한국 경제에 어떤 영향을 줄까요?

정영진 너무 어려운 거 물어보시는데 이건 그냥 개인의 생각입니다. 제 생각에는 트럼프는 굉장히 영민 내지는 영악 혹은 영리하다고 생각을 해요. 어떤 면으로든 하여튼 똑똑한 것 같아요. 미친 사람처럼 취급하는 분들도 꽤 있는데 저는 미친 퍼포먼스를 하고 있다고 생각되구요. 굳이 따지면 똑똑한 사람이라는 생각을 하고요.

그러면 그 똑똑한 게 미국 사람들에게는 좋을 수도 있고 상대국인 우리에게는 대단히 힘든 일일 수도 있습니다. 그래서 그 똑똑한 거를 상대하려면 그보다 더 똑똑하거나 아니면 그보다 더 똑똑할 자신이 없으면 차라리 말이 잘 안 통하는 것도 하나의 방법이 될 수 있겠다고 저는 생각을 하거든요. 기본저으로 미국이란 나라와 우리나라가 힘의 차이는 분명히 객관적으로 존재하는 거니까요.

어쩌면 그들이 바라는 거를 억울하다라도 들어줘야 할 일들이 생길 수도 있으나 우리가 가진 게 그렇게 작지만은 않다고 생각을 하기 때문에 충분히 딜할 만한 것들은 있다고 보고요. 그 사람이 딜은 통하는 사람인 것 같더라고요. 우리가 가진, 예를 들면 우리 산업에 있어서도 충분히 거래 가능한, 우리가 강점들이 있는 거 있잖아요. 예를 들면 조선이든 방산이든 반도체든 이런 것들은 미국도 지금 제대로 생산해 내지 못하는 것들이고 이거는 우리한테 마구잡이로 뭐라고 할 정도 수준은 아닌 만큼 우리가 이미 키워놨기 때문에, 그거를 잘 레버리지 삼아서 우리가 얻어낼 수 있는 건 충분히 얻어낼 수 있다고 생각을 하고요.

다만 약간 경제적으로 가는 거라 제가 틀릴 가능성이 크나 트럼프는 자기 집권 기간 내내 아마 어떻게든 주가를 띄우려고 할 거고 물가는 잡으려고 할 거예요. 그게 사람들이 우리가 살기 좋냐 안 좋냐를 판단할 때, 미국 사람들의 경우에는 물가 다음에 주가 이 두 개를 가장 중요한 팩터로 보니까 트럼프는 어떻게든 이 두 개는 지키려고 할 텐데요. 그러면 저금리로 가서 주가는 띄우되 대신 물가를 잡으려고 별 노력을 다 하긴 할 거거든요.

그러니까 그 틈에서 우리가 공략할 틈은 좀 잘 찾으면 되겠다는 생각을 합니다. 중국과는 어쨌든 대단한 패권 싸움을 많이 할 테고 중국 물건을 많이는 안 사줄 테고 그렇다고 중국 물건 안 사주면 당장 해결이 안 되는 부분이 많이 있을 텐데요. 그쪽을 우리가 잘 공략을 해서 들어간다면 우리는 어쩌면 지금보다는 훨씬 더 나은 앞으로 한 2~3년, 3~4년 정도를 기대할 수 있지 않을까 생각하구요. 물론 그 중간중간에 말도 안 되는 요구를 하거나 아니면 "우리 적자가 너무 크니까 너네 빨리 수입해라" 이런 강요도 할 텐데요.

그 사람은 제일 바라는 게 아까 말씀드린 두 가지, 물가 잡고 그다음에 주가 띄우고 그다음에 또 하나는 아마 많이들 알고 계시는 노벨 평화상 정도 아마 그 세 가지가 제일 원하는 걸 테니까요. 노벨 평화상 받으려면 우크라이나 전쟁 아니면 가자지구 다음 북한, 중국, 대만 이 정도 이슈 말고는 없잖아요. 우리도 하나 정도는 갖고 있는 거니까 이거 북한과 잘 대화를 해서 혹은 미국과 잘 딜을 쳐 갖고 노벨 평화상 받을 수 있을 것처럼만 그 사람 잘 꼬셔보면 충분히 우리는 얻을 게 많을 것 같다, 그것만 잘하면 저희는 될 것 같다고 생각을 합니다.

지승호 트럼프가 협상을 할 때 보면 자기가 원하는 협상 시기와 그런 게 있는 것 같아요. 하노이 노 딜에서도 보듯이 자기가 원하는 시점에서 협상이 안 되면 그거를 재협상을 할 생각을 하거나 이렇기보다는 좀 파투를 내는 경우도 있는 것 같고요. 우리나

라가 그런 점을 잘 대처해서 어떻게 협상을 잘 이끌어 나가야 할 텐데 어떤 점을 염두에 둬야 할까요?

정영진 근데 그전에 이미 몇 번의 경험은 좀 있잖아요. 그래서 트럼프가 물론 1기랑 다른 2기의 특징이 있긴 하죠. 1기 때는 그래도 브레이크를 걸어주는 몇 명의 참모들도 있고 했는데 이제는 노 브레이크 상태잖아요. 그래서 무조건 트럼프 뜻대로 다 어떻게든 가려고 할 텐데요. 근데 트럼프가 제일 무서워하는 혹은 그래도 본인을 제어할 수 있는 것을 보면요. 옛날에 『거래의 기술』이나 이런 책들을 보면 강력한 리더십이 있는 사람과 대화할 때는 약간 한 수 접더라고요. 그러려면 우리에게도 강력한 리더십을 가진 누구, 그러니까 예를 들면 트럼프는 푸틴을 굉장히 높게 평가하잖아요.

지승호 오히려 독재자들을 높이 평가하는 듯하죠.

정영진 존중을 하고 인정하잖아요. 그게 권력의 크기가 그 나라 독재자들이 굉장히 크다고 생각을 해서 자기가 약간은 좀 더 존중을 많이 하는 것 같은데요. 그래서 우리가 독재자를 뽑자는 건 아니지만 하여튼 강력한 리더십이 있는 사람이 트럼프와 뭔가 대화를 한다면 거기서는 충분히 트럼프도 이 이야기를 좀 들어보려고 할 테고 그래서 강력한 리더십이 우리 대통령에게 어떻게 생길 수 있느냐 하는 점이 쟁점이 될 듯합니다.

지승호   리더십의 종류는 다양하니까 사실은 김대중 대통령도 강력한 리더십이 있었다고 볼 수 있잖아요.

정영진   네 맞습니다. 다음 대통령은 꽤 강력한 리더십을 갖게 될 것 같아요. 그래서 충분히 우리도 해볼 만한 판은 좀 된 것 아닌가 생각이 좀 듭니다.

지승호   탄핵 사태가 한국 경제에 미치는 영향에 대해서는 어떻게 생각하십니까?

정영진   경제는 기본적으로 누구나 다 아시듯이 불확실성을 제일 싫어하잖아요. 근데 지금의 정치 상황은 불확실성을 가장 극대화한 상황이긴 합니다. 그래서 기업들이 어디에 투자하거나 이런 것들도 대단히 조심스럽고, 다 미뤄 놓는다거나 투자 결정을 지금 다 안 하고 있잖아요. 그러니까 경제적으로 매우 큰 대미지를 입은 거죠. 특히나 지금까지 상황이 매우 좋다가 이런 걸 맞았으면 그나마 좀 나을 텐데, 체력이 어느 정도 될 테니까요. 그런데 지금 기초 체력도 많이 떨어진 상태에서 크게 한 대 맞으니까 거의 그로기 상태로 간 거죠.

작년 연말에 송년회 이런 거 다 그냥 취소됐잖아요. 그래서 원래 연말에 그래도 좀 장사가 됐어야 될 자영업자분들이 지금 너무 심각하게 안 되니까, 그냥 그분들만 그럼 안 되면 끝이냐 그게 아니고 그분들이 갚아야 할 돈이라든지 아니면 그분들과 함께 살고있는 가족분들 아니면 그분들이 소비해야 할 거 이게 다 또 안 되니까요. 연쇄적으로 금융권까지도 문제가 발생할 수도 있고, 그다음에 지금 건설업계도 되게 힘들다고 하는데요. 이참에 그냥 다 같이 망가질 가능성도 있고, 그래서 지금 3~4월쯤 위기설 같은 것도 많이 돌기도 하고요.

그러니까 우리 경제에 미치는 영향은 특히나 경제라는 게 물론 여러 측면이 있겠습니다만, 특히나 소비 쪽으로는 아주 크게 대미지를 입은 것 같습니다. 그래서 내수 시장은 완전히 망가진 것 같고, 다만 수출에는 아주 큰 영향을 받은 것 같지는 않으나, 수출에서 돈이 들어온 게 그 밑으로 내려가는 그 어떤 흐름 같은 게 지금 많이 좀 단절된 상태라 이거를 누군가가 좀 잘 이어 줘야 할 것 같긴 합니다. 그래서 몇몇 기업들은 막 이게 수출 잘 돼 갖고 하이닉스 이런 데들은 막 성과급을 엄청나게 주기도 했잖아요.

그러니까 그런 것들이 전체 소비나 이런 걸로 좀 이어질 수 있도록 연결을 할 만한 그런 것들은 정치권에서 해 줘야 하는데요. 예를 들면 추경도 그런 것 중에 하나가 될 수가 있겠고요.

근데 정치도 지금 거의 올 스톱 상태라 뭐 하면 다 그냥 거부권 이렇게 되잖아요. 그러니까 지금 불확실성을 키우고, 그다음에 정치가 경제 주체별로 이어져야 할 것들, 지금 끊긴 거를 잇지 못하는 상태라 그 두 가지 측면에서 제일 큰 악영향을 줬다고 저는 생각을 하는데요. 당장 대선하고 해결이 될 것 같지는 않고 적어도 대통령 뽑히고 나서도 두세 달 정도 이상은 더 걸리지 않을까?

그래서 앞으로 올해 상반기까지는 아마 덜 망해도 될 회사들도 망할 거고 안 망할 수도 있는 회사도 아마 망할 것 같아요. 예를 들면 그런 거잖아요. 의대 정원 사태로 전공의가 막 떠나면서 정확히 집계는 안 됩니다만, 어쩌면 제대로 진료받았으면 안 돌아가실 수 있는 분들인데 돌아가신 분들이 꽤 있을 거 아니에요? 경제도 비슷한 것 같아요. 그래서 이 사태가 어쩌면 근근이 버틸 수 있었던 회사들 많이 망하게 만들고, 그다음에 그래도 자금만 좀 풀렸으면 될 만한 회사들도 아마 올 상반기 중에 망하는 경우가 꽤 나올 것 같아요. 그러고 나서 아마 한 상반기 지나고 하반기부터는 이런저런 처방들이 나오면서는 조금 살아나지 않을까 기대는 좀 하고 있습니다. 여튼 한 반년 정도, 잃어버린 6개월이 되는 거죠. 그렇게 저는 보고 있습니다.

과하다 싶을 정도의 경제 부양책 필요

지승호 보통 경제계에서는 한국 정치가 경제 발목을 잡고 있다 이렇게 얘기를 하는데 그게 어느 정도 타당한 얘기인가요?

정영진 정치가 경제의 발목을 잡는다고요? 예전에 80년대, 90년대 이럴 땐 워낙 정치가 미치는 영향이 크니까 맞는 말일 수 있었는데요. 지금은 그 정도 영향력은 아닌 것 같고, 경제인들이야 늘 앓는 소리 하잖아요. 그래서 정치가 그렇게 꼭 발목 잡는 것 같지는 않지만, 그래도 이런 정치적인 이벤트들은 경제에도 악영향을 미치는 그것까지 부인할 수는 없으니까요. 발가락 정도는 좀 잡았을지 몰라도 발목 잡고 못 가게 한다, 그 정도까지는 아닌 것 같습니다.(웃음)

지승호 그래도 발가락만 잡혀도 걷는 데는 좀 지장이 있잖아요.(웃음)

정영진 그렇긴 하겠죠.

지승호 그럼 지금 한국 경제가 풀어야 할 가장 시급한 문제는 뭐라고 생각하십니까?

정영진 와, 어려운 질문 많이 주신다.

지승호   여러 가지 있죠. 저출산 문제가 있을 수도 있고.

정영진   예. 그건 대단히 근본적인 문제인 것 같고요. 근데 저는 저출산 문제 해결은 불가능에 가까운 일이라고 보고 있어요. 제가 책에도 좀 쓰긴 했습니다만 하여튼 그건 좀 논외로 하더라도 지금 당장은 우리가 성장률이 너무 떨어져 있는 상황이잖아요.

근데 그 성장률을 어떻게 올릴 거냐, 예를 들어 우리 예전에 시골에 있는 펌프를 써보셨을 텐데요. 앞에 그 마중물이 한 바가지 정도 필요하잖아요. 그게 있어야 펌프 물도 기를 수 있는 거니까, 지금은 그게 좀 필요한 것 같긴 해요. 그래서 조금 낭비하는 거 아닌가 싶을 정도의 한 바가지 물 이거, 이거 다 없어지는 거 아닌가라고 의심이 들 만한 정도의 한 바가지 물은 좀 필요한 것 같습니다.

그게 아마 대체로 재정, 그러니까 추경으로 갈 수밖에 없을 것 같긴 한데요. 추경에서 도덕적 해이 내지는 '야 이렇게 해도 되나' 싶을 정도의 정책이 나오지 않으면 안 될 것 같아요. 대체로 경제는 심리에 많이 좌우가 되잖아요. 그래서 "나라가 아주 그냥 경제 살리려고 거의 미쳐버렸네" 이 정도 느낌을 주지 않으면 잘 안 움직이거든요. 그래서 그 정도의 조금은 과하다 싶을 정도의 어떤 정책 내지는 이런 게 좀 필요한 것 같고요.

그다음에 또 하나는 역시 자영업자분들 문제인데요. 자영업자

분들이 우리나라에 너무 많은 것도 사실이긴 하죠. 전체 인구 비율을 따져봐도 그런데요. 근데 이분들한테 갑자기 지금 다 어디 취직하라고 하면 취직할 데도 없잖아요. 그렇다고 자영업 비중을 지금처럼 높게 유지하는 것도 사실은 그렇게 바람직한 일은 아니라서요. 앞으로 10년, 20년, 30년 후에 어떤 직업군들이 많이 생겨날지는 모르겠는데 그래도 대략적으로 더 클 산업 분야는 대충은 정해져 있지 않습니까? 그쪽으로 사람들을 좀 많이 키워내야 하는 건 당연히 정부와 학계 이런 데서 해야 할 문제고, 지금 현재로는 자영업자분들을 좀 소프트 랜딩이라고 할까요? 그러니까 창업자분들이 현재 비중보다는 조금 더 줄어들어야 하는 건 맞고, 그렇다고 한 번에 싹 어디 다른 직장으로 다 보낼 수는 없으니까 서서히 좀 줄이긴 해야 하는데요. 그러려면 아마 재교육이라든지 아니면 직업 교육 같은 것들 또 연령이 좀 있는 분들이 할 수 있는 일들로 전환이 필요하겠죠. 지금 그냥 일례로 들면요. 뭐에 사람들이 제일 고용이 많이 될까 배송 업무 그러니까 물류 쪽, 집에서 뭘 자꾸 시키거나 하는 일들은 점점 앞으로도 더 늘어날 거라 현재도 택배하시는 분 한 분이 해야 할 업무가 굉장히 과중한데, 그 과중하다는 건 결국 그 일을 나눠도 어느 정도는 소화가 된다는 얘기이기도 하거든요. 그래서 그 모든 분들이 다 택배 차량 타고 이렇게 막 돌아다닐 필요까지는 없지만, 시간도 예를 들어서 보통 한 분이 아침 8시에서 한 저녁 7~8시까지 한다면 저녁 한 5시부터 밤 12시까지 하시는 분들도 생겨날 수도 있고요. 그럼 받는 분들의 편의는 좀 늘어나고 대신 일하는 분들의 수입은 조금은 나눠야 할 테지만 그걸 이제 밤이나 새벽이나 이렇게 좀 더 배분하면서 줄어든 부분을 조금은 더 플러스할 만한 요소는 찾을 수 있을 것 같아요.

그런 식으로 아주 오랜 기간의 직업 교육이 필요하지는 않으나 그래도 사람들에게 좀 수요가 있을 법한 쪽에 일을 하실 수 있게 직업 전환 같은 거를 시켜줬으면 합니다. 택배는 그 하나의 예고, 그러니까 앞으로 점점 늘어나는 수요 쪽으로 좀 분산을 시킬 필요는 있겠다는 생각이 들어요. 자영업 비중이 너무 높은 것도 리스크는 리스크잖아요.

이거는 조금 다른 얘기긴 한데 우리나라의 자영업 비율이 너무 높은 거는 체면 문제도 약간 있는 것 같아요. 그러니까 내가 50세 되고 60세 되고 어디 누구 밑에 들어가서 일하는 것도 쉽지 않다는 생각 이게 조금 유교적인 혹은 동양적인 사고, 한국적인 사고 아닌가 싶기도 하구요. 연세 많은 분들도 얼마든지 누구 밑에서 단순 반복 업무 같은 것도 하실 수 있는 거니까 그런 것들을 너무 창피해 하지 않으신다면 그런 쪽으로 점점 분산을 해서 자영업자 비중은 좀 줄이는 쪽으로 하고, 그다음에 좀 과하게 재정을 풀어서 성장률을 높이는 것 정도는 당장 올해부터 시작해야 할 일인 것 같습니다.

철저한 준비가 필요한 자영업

지승호   책에도 쓰셨지만 사실 자영업에 너무 쉽게 뛰어드는 그런 부분들도, 유튜브에 너무 쉽게 뛰어 드는 것과 비슷한 거잖아요.

정영진   맞아요.

지승호   유튜브야 그냥 망하면 자기 혼자 망하고 마는 거지만, 자영업이라는 건 보통 보면 퇴직금을 전부 넣어서 한다든지 주변에 빚을 얻어서 한다든지 하다 보면 이게 여러 사람 잡는 거거든요.

정영진   친구분들 많으시잖아요. 아는 분들 많으실 텐데 진짜 자영업 하나 한다는 게 되게 큰 모험이잖아요. 그래서 내가 지금까지 모아온 거의 모든 자원과 나의 거의 모든 에너지를 다 쏟아부어서 시작을 한다는 건데, 그거를 3개월 6개월 준비해서 한다는 건 저는 정말 이해할 수가 없습니다.

지승호　그러니까 상당한 전문성이 있어야 하는 일인데 말이죠.

정영진　너무 위험한 일을 하시는 것 같아요. 마치 주식 한 번도 안 해보다가 갑자기 주식에 그냥 한 2억 몰빵 이렇게 하는 건 되게 위험한 일이라고 누구나 생각하실 텐데요. 왜 자영업은 그렇게 생각 안 하시는지 모르겠어요. 이게 대박이 날지 안 날지 모르더라도 적어도 하자마자 망하는 길로 가서는 안 되잖아요.

그러려면 적어도 내가 어떤 자영업, 우동집 할 것 같으면 정말 잘 되는 우동집에서 6개월, 1년 일해 보고 그다음에 새로 내가 문 열 가게 같은 데에 가서 거기에 하루에 몇 명이 이동하는지는 한 달 정도는 계속 지켜봐야 할 거고, 이 동네에 새로운 부동산 변화는 있지 않을지 이런 것도 늘 체크를 하고, 그러고 나서 예를 들면 물건을 어디서 들여올 건지 그다음에 내가 원가 얼마에서 얼마에 팔 건지 하여튼 굉장히 계산할 것도 많고, 인건비도 사실 장난 아니잖아요. 그런 것도 다 계산해서 할지 말지를 잘 판단하셔야 하는데, 그냥 특별한 기술도 없는데 "프랜차이즈 어디 하면 안 망한대" 이러면서 가맹비 얼마 내고 하는 것은 진짜 위험하거든요. 물론 본인은 쉽게 결정하지 않았다고 하시지만, 그 기간 보면 알잖아요. 어떻게 3개월, 6개월, 한 달 잠깐 아르바이트해 보고 그렇게 결정하시는지 전 정말 모르겠어요. 맛집 가서 좀 먹어보고, 나 요리 잘해, 나 찌개 잘 끓여, 이런다고 갑자기 하면 안 되죠.

지승호 〈삼프로 TV〉가 특별하게 중점을 두는 기조나 철학 같은 건 어떤 것이 있나요?

정영진 〈삼프로 TV〉 처음 만들 때부터 정말 그 분야에 예를 들면 조선이면 조선 아니면 어디 반도체면 반도체 여기 진짜 전문가들의 이야기를 들어보자는 거였습니다. 원래는 그분들이 요즘에야 좀 일반화됐지만 예전에는 그 사람들은 다 그냥 업계 내에서였지 그냥 일반 사람들 만날 일이 없었어요.

증권사에 있는 현업 진짜 전문가들의 경우엔 그런 사람들을 직접 개인 투자자들과 만나게 해주자는 게 우리의 원칙, 우리의 목표였고요. 그래서 개인 투자자들이 그전까지만 해도 주식 투자하면 그냥 도박처럼 접근하는데 그렇게 하지 말고 투자를 하는 데 있어서도 나름의 어떤 지식과 어떤 좋은 정보들을 가지고 투자할 수 있게 하자, 그래서 그 사람들이 투자하는 데 기관들 어디 증권사나 이런 데처럼 아주 전문성까지 띠지는 못하지만 적어도 본인이 투자하는 종목들에 대해서는 웬만큼 이상의 지식을 갖게 하자는 게 저희의 목표였어요. 여전히 부족하지만 그래도 그 목표에 의해서 움직였고 나름 그 목표를 잘 수행은 하고 있고요. 그러면서 회사도 좀 커지긴 했는데, 처음 목표를 잃지는 않고 있는 것 같습니다.

지승호   어떤 점이 가장 어려웠나요?

정영진   일단 거기에 너무 많은 저의 에너지를 투여하다 보니까요. 제가 눈을 거의 못 뜨는 상황이 됐잖아요. 건강을 좀 잃었고, 그다음에 안타깝지만 가족들도 만나기 힘들어졌습니다. 캐나다로 보내기도 했고, 하여튼 그렇게 좀 잃은 것도 꽤 있죠.

근데 제가 주변 사람들한테 얘기한 것 같은데 뭔가 하려면 잃는 게 분명히 생길 거예요. 그건 본인 선택의 문제죠. 근데 나는 육아도 하고 아내랑 오랜 시간 같이하고 싶어, 그리고 성공도 하고 싶어, 워라밸도 지키고 싶어, 이거는 난 도둑놈 심보라고 보거든요.(웃음)

그렇게 할 수가 없어요. 선택을 해야죠. 내가 가족들과 그냥 알콩달콩 사는 게 목표야. 한 달에 한 300만 원 정도 벌면서 그냥 난 소확행으로 갈래, 오케이 뭐 그것도 본인 선택인 거고요. 대신 가족의 사랑을 더 끈끈하게 하면서 살 수 있겠죠. 그리고 나는 내 건강이 첫째니까 하루에 두세 시간씩은 무조건 운동에 투자할래, 역시 그것도 본인의 선택인 거고요. 저의 그때의 선택은 '이거 한번 제대로 성공시켜 보자'는 거였기 때문에 저는 다른 것들을 꽤 많이 포기했고, 나름 약간 성공은 한 것 같아요.

나중에 제가 후회할 수도 있겠지만 그때 선택을 지금까지는 크게 후회하지는 않고 있고요.

그런 어려움들이 있었죠. 제 개인의 즐거움들을 많이 포기한 거. 제가 가난한 사람은 아니라 애들이랑 해외여행도 좀 가고 싶고 애들 데리고 주말마다 어디 캠핑도 좀 가고 싶고 그렇습니다. 아니면 친구들이랑 좋은 술집도 가고 싶어 하는데, 그런 거 다 포기했으니까요. 그래도 안 될 수도 있었는데 어느 정도 이루게 된 건 너무나 감사한 일이고, 어려움이라고 한다면 하여튼 건강과 사랑과 가족을 좀 잃은 거 이게 어려움이라면 어려움인 것 같습니다.

지승호 〈삼프로 TV〉에서 앞으로 계획하고 있는 새로운 콘텐츠는 어떤 것이 있나요?

정영진 요즘 보시면 조금 느끼실 텐데 〈삼프로 TV〉가 투자 쪽으로 많이 집중을 했다가 요즘에 새로운 시리즈들, '더 릴리전'이라고 종교 시리즈를 하고 있습니다.

지승호 인도 얘기도 나오고.

정영진 그런 것들도 좀 호응을 받고 있고, 하여튼 글로벌한 이야기, 그 다음에 요즘 시사적인 것도 좀 하고 있고요. 건강 관련해서 하고, 좀 이렇게 늘려가고 있는데 뭐가 잘 될지 모르겠어요. 근데 이렇게 찔러보는 거예요.

지금 현재는 종교 이야기가 꽤 좋은 호응을 얻고 있어요. 사람들의 관심이 하나에 늘 꽂혀 있지는 않을 테니까, 이번에는 종교 쪽으로 한번 힘을 실어서 사람들이 종교에 대한 관심들이 있을 때 이런 니즈도 좀 채워 드려볼까 하고요. 그렇게 분야를 옆으로 좀 늘리는 게 하나가 있고, 또 하나는 글로벌 진출을 이미 미국은 했는데, 아직까지 큰 성과는 없습니다. 대신 미국과 중국과 인도와 일본과 두바이 이런 데 지금 계획을 하고 있는데, 〈삼프로TV〉와 같은 스타일의 경제 콘텐츠 유튜브 이런 것들을 이제 키우고 있어요.

만약에 그렇게 글로벌로 크게 되면 나중에는 인도에서 일어난 일을 우리 삼프로 인도 법인에서 직접 거기 전문가가 나와서 얘기를 하면 실시간으로 아마 AI 번역을 해 줄 거고 그러면 우리는 한국에 앉아서 인도에서 벌어진 그 일 혹은 미국에서 벌어지고 있는 일들을 실시간으로 다룰 수 있을 것 같습니다. 마치 블룸버그나 CNN처럼 할 수 있지 않을까 기대하고 있습니다.

기대가 적으면 스트레스도 없다

지승호 댓글들 보다 보면 〈싱글벙글 쇼〉 안 되셨을 때 좀 상처받으셨 겠지만 지금 역설적으로 보면 다행이지 않냐, 그걸 안 함으로 써 오히려 더 많은 유튜브를 하게 되셨다는 얘기도 있거든요.

정영진 저는 그렇게 생각하지는 않아요. 지나간 일에 대해서 지금 이렇 게 됐으니까 이게 더 잘 됐다고 얘기하는 거는 약간 제 합리화 인 것 같고요. 정신 승리인 것 같고 만약에 제가 그때 라디오를 해서 다른 방향으로 또 잘될 수도 있는 거니까요. 그때 그 상황 으로 인해 스스로 자존감이 무너졌다거나 전혀 그렇지도 않았 거든요. 대충 아는 분들은 아실 텐데 저도 그때 그걸 할까 말까 고민을 많이 했던 거예요. 그 제안이 와서 너무 좋아서 "오케 이" 이런 상황은 아니었습니다.

지승호 원래 그런 성격은 아니시잖아요.

정영진 성격도 그렇고, 제가 그때도 워낙 바빴기 때문에 이걸 내가 할 시간이 되나 하는 의문도 있었고요. 이른바 공중파 라디오라 는 게 제가 볼 때는 시장이 그렇게 막 커질 시장은 아닌 것 같은 데 거기서 내가 새로운 뭔가 불어넣을 수 있을까에 대한 의심도 있었는데요. 저한테 되게 간곡한 부탁이 좀 있었고 그다음에 하나 정도는 기존 매체라는 거에 발을 걸쳐 놓는 것도 하나의 저의 무기가 될 수도 있다는 생각을 했기 때문에 하기로 결정을 했는데, 그런 일이 벌어져 짜증은 좀 났죠.

막 슬픈 건 아니고. 심지어는 제가 그런 상황이 올 수 있다는 거에 대해서도 노티스를 줬어요. 그쪽 제작진이나 회사 분들한테 "그래도 이런 일들이 좀 있을 수 있지 않나" 그랬더니 "그런 거에 대해서는 전혀 걱정 안 하셔도 된다"는 쪽으로 얘기를 해서 "오케이. 그러면 한번 가봅시다" 했던 건데 그렇게 됐으니까요. 결정이 되고 저한테 "누구랑 하시면 좋겠냐?"는 것도 물어봤었거든요. 그러니까 매우 짜증이 났지만, 살면서 짜증 나는 일들이 어디 한두 개겠습니까? 그래서 살면서 한 번 정도 있을 수 있는 일이다 정도 생각을 하고 넘어가서요. 저한테 큰 의미가 있거나 제 인생의 책에서 아주 중요한 한 챕터가 되고 그러지는 않고요. 한 페이지 내지는 반 페이지쯤 되는 에피소드 이상의 의미는 없습니다.

지승호 　다른 분에 비해서 스트레스를 좀 덜 받는 편이죠.

정영진 　맞아요.

지승호   그래도 스트레스를 좀 받으실 때는 있을 텐데 어떻게 푸시나요?

정영진   저 그 질문 진짜 많이 받는데요. 제가 스트레스를 안 받거나 아니면 받는데 제가 잘 못 느끼나 봐요. 왜냐하면 일단 제가 기대가 없잖아요. 사람들한테 기대가 없고 저에 대한 기대도 별로 없어요.

지승호   그러면 상처받을 일이 좀 덜하죠.

정영진   지금 스트레스라고 하면 제 전셋집이 잘하면 날아가게 생겨서요.

지승호   아이고 혹시 전세 사기 이런 건가요?

정영진   그러니까 그 집주인이 지금 돈이 다 없는 상태로 약간 배쨰라인 상태인데요. 그 돈은 아까운데 어떻게든 좀 잘 버텨 봐야죠. 스트레스를 받는다는 거는 내가 어찌하지 못하는 뭐가 있을 때 스트레스를 받는 것 같은데요. 어찌하지 못하는 거에 스트레스 받을 필요가 없다고 생각하거든요. 어찌해야죠. 뭐라도 어찌해 봐야 하는 거라고 생각을 하고, 어쨌든 저는 전세금을 돌려받기 위해서 뭐라도 할 겁니다.

지승호   그게 어떤 분들에게는 거의 삶을 파괴할 만큼의 스트레스를 주는 일일 수도 있는데요.

정영진   그러니까 저에게도 당연히 큰돈이고요. 만약에 못 받게 될 상황이 오면 정말 이 아까운 돈을 어떻게 해야 될지 잘 모를 수도 있는데, 일단 그 상황까지 아직은 안 왔잖아요. 그 상황이 또 나에 의해서 좌지우지되지도 않는단 말이죠. 그러니까 그걸 지금 내가 걱정하거나 그것 때문에 전전긍긍하거나 제가 지금 하고 있는 일을 잘 못하게 되면 저만 손해잖아요. 저는 제 손해 되는 일은 안 할 거고 만약에 그 상황이 됐어요. 그 상황이 됐으면 어떻게든 그 돈을 돌려받기 위해서 내가 100만 원이든 1천만 원이든 1억 원이든 할 수 있는 한 최대한 노력을 하겠죠.

그 돈을 받기 위한 그건 그때 가서 하면 되는 거고, 근데 다 못 받았다, 그러면 제 능력의 부족이거나 아니면 충분히 그 위험성을 미리 파악하지 못한 제 잘못이기 때문에 제가 다음에는 그러지 않기 위해서 뭔가 또 노력은 하겠죠. 그러나 지금부터 막 스트레스를 받아서 1년 내내 막 머리 싸매고 있고 이러지는 않을 거예요. 그건 제가 꼭 돈이 여유가 있어서 그런 건 아니고 지금 저한테 가장 이익되는 행동을 저는 할 겁니다.

새 일을 시작할 때의 세 가지 기준

지승호   소위 레거시 미디어와 같이 뭔가를 하고 싶다, 기획을 하고 싶다 이런 생각은 하고 계신 것은 있으신가요?

정영진   이미 JTBC랑 하고 있는 것이 있구요. 특별히 저는 레거시 미디어와 뭘 더 해보고 싶거나 아니면 뉴 미디어랑 뭘 해보고 싶고 이건 별로 없고 그냥 제가 일을 하거나 말거나 결정할 때는 크게 세 가지 정도 기준이 있어요. 진짜 재밌을 것 같거나 제 인생에 도움이 될 것 같거나 돈을 많이 주거나. 부수적으로 3 플러스 원 하면 정말 인간적으로 너무 친한 사람이거나, 이 3개 중에 2개 정도 합격이면 하고요. 3개 다 되면 무조건 하고요. 하나 정도 되면 고민을 많이 하죠.

예를 들어 돈은 진짜 돼, 근데 제 인생에 별로 도움이 안 되고, 재미없을 것 같아요. 그러면 진짜 돈 많이 주면 할 수도 있겠다, 이 정도 생각하고요. 아니 진짜 재미있는데 돈이 안 돼 지금도 그런 일이 있거든요. 진짜 재미있는데 돈은 안 돼, 인생에도 큰 도움은 안 돼. 근데 재밌어. 그러면 한번 해볼 수도 있고요. 돈도 되는데 재미있어, 거의 하죠. 그다음에 인생에 큰 도움 되는데 돈도 돼, 그런 것도 하죠. 레거시 미디어냐 아니면 뉴 미디어냐 유튜브냐 넷플릭스냐 전혀 상관없습니다.

지승호   레거시 미디어하고 뉴 미디어를 다 아울러서 해보셨는데 장단점은 뭐가 있다고 생각하세요?

정영진   레거시 미디어는 너무 비효율적이에요. 여전히 하던 관성 아니면 경로 의존성이라고 그러잖아요. 카메라 5대 무조건 있어야 되는데, 그럴 이유가 없거든요. 근데 그분들은 그렇게 늘 해왔으니까 거기서 벗어나지 못하는 것 같아요. 그리고 유튜브니까 이렇게 해도 되는 거 아니야? 전혀 그런 거 없거든요. 유튜브라도 정말 때깔 좋게 많은 자본 투여해서 카메라 20대 쓸 수도 있는 거고 기존 레거시라고 하더라도 카메라 2대 갖고 PD 한 명이 할 수도 있는 거예요. 그런데 너무 고정관념이 강하신 것 같더라고요.

그러다 보니까 너무 비효율적으로 '이렇게까지 사람 많이 써야 돼?'라는 생각이 들 정도의 프로그램이 레거시에는 좀 있는 것 같고요. 이건 양쪽의 문제이긴 한데 좀 자신감이 결여된 것 같아요. 그래서 일단 많이 찍어 놔요. 왜냐하면 자신감이 있으면 내가 필요한 것만 찍으면 되잖아요. 근데 이거에 대한 확신도 없고 자신감이 없으니까 일단 많이 찍어 놔, 많이 뭘 해 놔요. 그 다음에 이제 편집으로 어떻게 잘 살려봐, 이런 생각들이라서요.

지승호   그러면 일이 많이 늘어나잖아요.

정영진   많이 찍는다는 얘기는 편집도 오래 해야 돼요. 또 다 낭비잖아요. 그러니까 낭비가 좀 심하고 비효율적이라는 게 제가 생각하는 레거시의 문제점인 것 같아요. 일단 고비용 저효율이라 비용 감당 안 될 것 같은데, 광고 시장은 점점 더 뉴 미디어 쪽으로 가는데 현재 광고비 받아서 운영되겠어요? 안 될 거라고 보거든요.

지승호   이건 좀 영업 비밀이 될 수도 있겠네요. 유튜브로 새로 하고 싶은 것이 있으신가요?

정영진   예술 쪽 한번 해보고 싶고요. 그러니까 미술 관련된 것만 좀 해보고 싶고 그다음에 하나는 정말 저 혼자 하는 건 좀 해보고 싶어요. 저 혼자라는 의미는 뭐냐면 지금은 어쨌든 여러분들과 같이하고 있잖아요. 그러니까 내가 여섯 달 하다가 "에이 때려치워. 그만해" 이렇게는 못 하잖아요. 왜냐하면 이분들의 밥줄이 다 걸려 있는데. 그러니까 이건 하면서 굉장히 부담이 됐는데도 불구하고 못 그만두는 것도 있단 말이죠. 그러니까 그런 부담 없이 그냥 혼자 셀카 켜고 할 수 있을 정도의 아주 부담 없이 그냥 내 생각에 동의하는 사람들이랑 그냥 수다 떠는 정도의 것 하나 정도는 한번 해보고 싶어요.

지승호 정영진 쇼 같은 거.

정영진 뭐, 그런 거. 그래서 정말 내가 아무 때나 그만둘 수도 있고 아니면 일주일에 한 번 해도 되고 10일에 한 번 해도 되고 이런 정도. 그런 거 하나는 해보고 싶은데 지금은 그마저도 할 만한 여건이 안 되는 것 같아서요. 그거는 나중에 조금 여유가 생길 때 하려고 합니다.

취향이 돈이 되는 시대가 온다

지승호 가상화폐 같은 경우에는 지금 폭등하기도 했고, 논란도 있지 않습니까? 앞으로 전망은 어떻게 보세요?

정영진 가상화폐요? 저는 기본적으로 가상화폐에 약간 부정적인 사람이에요. 물론 가상화폐 하시는 분들은 "돈이나 달러는 어떻게 믿고 하냐?" 등등의 말씀도 하시지만 저는 가상화폐는 제가 공부를 덜 해서 그런 것도 있지만, 가상화폐 혹은 가상자산에는 투자를 아직은 못 하겠고요. 물론 뭔지 알아야 해서 조금씩 해보긴 했어요. 약간 맛보기 삼아서.

근데 여전히 이게 내가 뭐에다 투자를 하는 건지도 잘 모르겠고요. 그 사람들은 이건 될 것 같다고 하는 그 믿음에 투자를 하는 것 같은데, 그 믿음이라는 거는 언제든 하루아침에 사라질 수 있는 거 아닌가 하는 생각도 들어요. 특히나 의심하는 사람 입장에서 보면 그런데요. 해킹 가능성도 전혀 없고 이렇게 얘기를 하지만 여전히 해킹들이 늘 벌어지고 있고 또 양자 컴퓨터 등장하고 하면 믿을 수 없는 속도로 이 시장이 붕괴할 수도 있는 거 아닌가 하는 생각을 개인적으로 하고 있어서 투자를 저는 못 하겠습니다.

지승호   미래에 유망한 업종은 어떤 쪽이라고 보세요?

정영진   이건 꼭 제 얘기는 아니고 답은 정해져 있는 것 같아요. 인공지능이라는 건 너무나 뻔하고 그다음에 관련해서 로봇, 자율주행 이건 너무나 명백하고요. 그다음에 그런 로봇과 AI가 인체에 침투하는 것도 저는 머지않은 미래에 벌어질 거라고 보거든요. 그러니까 칩을 심는다든지 아니면 우리 몸의 일부가 로봇이 된다든지, 로봇의 도움을 많이 받는 일들은 조만간 이루어질 것 같고, 그게 되면 당연히 그쪽으로 돈이 많이 쏠릴 거고요. 그럼 그것과 관련된 배터리라든지 이런 건 당연히 커질 산업이라고 보고요. 그다음에 또 하나는 그럼에도 불구하고 인간이 아니면 할 수 없는 일들도 분명히 있을 거 아니에요.

그러니까 그 로봇을 쓰기에도 비용이 인간을 쓰는 게 더 싼 것도 있을 수 있고 아니면 간병 내지는 혹은 엔터, 스포츠 이쪽으로는 로봇의 활약을 많이 기대할 것 같지는 않거든요. 그쪽은 여전히 더 커질 수밖에 없고 또 사람들이 점점 일할 시간이 줄어들 것 같은데 그러면 엔터나 스포츠 쪽에 시간을 더 많이 낼 것 같아요. 사람들이 그만큼 시간을 많이 쓴다는 건 그만큼 시장이 커진다는 거기 때문에 아마 그쪽으로는 분명히 산업이 커질 거고요. 그다음에 그렇게 사람들이 시간이 늘어나면 당연히 여행이라든지 아니면 레저 이쪽으로도 더 시장이 커질 텐데 그럼 그쪽에서 할 수 있는 일이 뭘까 이런 거 고민해 보시면 아마 충분히 더 좋은 수익을 거둘 수 있는 일들이 생겨날 것 같습니다.

사람들이 돈이 생기는데 시간이 많아지면 취향을 더 찾게 돼 있거든요. 지금 사람들이 취향이 없는 경우 많잖아요. 당장 돈 버는 데 바쁜데 뭔 취향이야? 이런데요. 연한 녹색과 진한 녹색의 미묘한 차이 때문에 가구 가격이 100만 원, 200만 원 차이가 날 수도 있는데, 지금 우리가 생각할 때는 말도 안 되는 일이지만 실제로 많은 선진국에서 취향이 돈이 꽤 많이 되는 일이라 아마 우리나라에서도 분명히 그에 따른 산업들이 많이 커질 거라 생각해요. 취향에 관심 많고, 취향의 미묘한 차이를 잘 발견

하는 사람들은 나중에 돈 많이 벌 거예요.

지승호   그것도 어떻게 보면 예술적 감각하고도 연관이 있네요.

정영진   그렇죠. 저도 이제 그걸 키워보고 싶어요. 약간 미술 관련해서.

2부

실패에 가혹한 풍토

현재 결혼제도에는 문제 많아

지승호 〈웃다가〉에서 미팅 콘텐츠도 하시는데요. 젊은 세대들이 불안하니까 연애하기도 힘들고 출산율이나 결혼 안 하고 이런 것도 사실 젊은 세대의 불안과 연관이 돼 있을 텐데, 그걸 좀 해소해 주기 위해서는 어떤 일들을 해야 할까요?

정영진 지금 일단 연애 안 하는 게 혼자 사는 게 불편하지 않아서 그런 게 하나 있는 것 같고요. 그다음에 여자나 남자를 만나서 얻을 수 있는 즐거움들을 다른 여러 산업들이 다 충족을 시켜주고 있는 것 같아요. 그러니까 여자친구 만나는 것보다 혼자 뭔가를 보는 게 더 재미있고, 웹툰 보는 게 재미있고 그러니까 점점 더 그 연애를 안 하는 것 같고, 연애를 안 하다 보니까 당연히 결혼도 안 하게 되고 애를 덜 낳는 거겠죠.

근데 결혼 같은 경우는 우리가 너무 결혼한 사람들에 대해서 부담을 많이 주는 것 같아요. 법적으로 본인이 결정했다는 것 때문에 포기해야 할 게 너무나 많잖아요. 그래서 이렇게 부담이 많은데 사람들이 과연 할까, 저 같아도 안 할 것 같거든요. 제가 만약에 지금 서른 살이면 안 할 거예요. 결혼해서 아이를 낳아서 얻을 수 있는 큰 행복이 있지만 굳이 그 행복을 경험해 보지 않은 사람은 그 경험해 보지 않은 불확실한 행복을 위해서 내가 지금 현재의 확정된 행복을 포기해야 하는 건데 그런 선택을 왜 사람들이 하겠습니까? 안 하겠죠.

그러니까 결혼이 가져오는 그 부담들을 줄여줘야 할 거고, 그래서 한 번 결혼하게 되면 막 책임져야 할 것 수많은 것들 그걸 좀 줄여주거나 그래서 결혼을 좀 마음 편히 할 수 있게 해주거나 아니면 결혼 안 하고도 애 낳고 사는 게 충분히 할 만하다면 결혼 안 하고 애 낳고 사는 사람들이 많아질 것 같아요. 그렇게 해서 출산율을 좀 올릴 수 있을 것 같기도 하고요.

사실 선진국 같은 데서는 결혼 안 하고 애 낳는 사람들도 많잖아요. 그렇게 가는 것도 출산과 관련해서는 하나의 방법일 것 같고 그다음에 결혼에 대한 부담을 좀 줄이기 위해서는 한쪽이 원하면 언제든 이혼할 수 있는 거 이 정도는 해줘야 할 것 같아요. 왜냐하면 한 번 선택한 걸 바꾸기가 힘들잖아요. 홍상수 감독이 이혼하고 싶은데 이혼 안 해주잖아요. 상대방이 유책 배우자가 아니라, 저는 그게 가혹한 것 같아요. 그러니까 언제든 결혼 그러니까 사랑이라는 건 어쨌든 양쪽이 다 동의하지 않으면 안 되는 건데 결혼은 양쪽이 다 동의하지 않아도 얼마든지 유지될 수 있는 거라 그걸 나라가 강제를 하는 거라 이렇게 되면 난 결혼 안 할 것 같아요. 결혼도 언제든 얼마든지 그 계약을 취소할 수 있게 부담을 좀 줄여주면 결혼도 많이 할 것 같고 출산도 좀 늘어날 것 같습니다.

지승호 한남충장이라는 별명도 있으신데, 이대남이 지금 굉장히 보수화됐다는 얘기도 있고 최근에 극우 집회에도 젊은 사람이 나와가지고 충격을 받았다 이런 얘기도 있었구요. 근데 어떻게 보면 지금 남자와 여자가 서로 미워하는 상황이 된 것 같은데, 이게 연애를 안 하게 되는 이유 중 하나도 되는 것 같고요. 이걸 좀 해소하는 데는 뭐가 필요하다고 생각하시나요?

정영진 페미니즘 진영에서는 백래시라고 얘기하고 이쪽에서는 "페미니즘이 일부 이런 상황을 만들었다"라고 얘기하기도 하는 상황인데, 둘 다 맞는 얘기 같습니다. 저는 양쪽에 그걸로 돈벌이하고 자기의 정치적인 혹은 어떤 사회적인 이익을 취하는 사람들이 꽤 많이 조장을 하고 있다고 봐요.

각자 정의하는 게 좀 다를 수 있겠으나 페미니즘은 여성들이 그동안 억눌렸던 혹은 갖지 못했던 것들을 남성과 동등하게 가져야 한다고 얘기하는 거, 그건 저는 대단히 합리적인 말이라고 생각하거든요. 그걸 가지기 위해서 이전에 남자들이 누렸다고 판단되는 것들을 그만큼 더 누려야 이게 수평이 맞춰진다고 생각하는 쪽이 있는 것 같고, 그다음에 한쪽에서는 "뭔 소리야 우린 가져본 적도 없는데 왜 그걸 우리한테 욕을 해"라고 하는 20~30대 남성들이 있는 것 같아요.

그런데 저는 이른바 페미니즘 진영에서 요구하는 것들은 좀 과한 측면이 많다고 봅니다. 저는 20~30대 남자들에게 박탈당한 20~30대 여성들은 없다고 보거든요. 예전에 40~50대 세대들 정도에서는 있었을 수 있겠으나 지금 20~30대들에게는 적어도 대학 진학률을 보든 어떤 데이터를 가져와도 여성들이 더 억압을 받는다거나 아니면 손해를 받는다고 볼 만한 것들은 저는 이제 찾지는 못하겠어요.

지승호 최소한 예전보다는 많이 줄었다?

정영진 네. 평균을 좀 더 맞추자는 건 오케이, 그건 그럴 수 있으나 그 방법으로 자꾸 얘기되고 있는 게 무슨 할당제라든지 아니면 여성 전용 무엇이라든지 이런 것들인데요. 그거는 저는 진짜 균형을 위해서라도 바람직하지는 않다고 봐요. 왜냐하면 그런 할당제 같은 것들이 결국은 남성들에게 대단한 역차별로 보일 수도 있고 그다음에 여성 할당제를 통해서 들어간 여성들은 그나마 들어갈 수 있으나 할당제가 아니라도 충분히 들어갈 수 있었던 여성도 그 할당제 때문에 들어갔다는 오해를 받을 수도 있는 거고요. 그래서 저는 충분히 능력을 발휘하는 수많은 여성들에게도 오히려 그 할당제는 더 마이너스 요소가 될 수 있지 않을까 하는 생각도 좀 하게 됩니다. 그러니까 남성들이 어쩌면 여성들을 사회적 약자로서 자꾸 볼 수 있게 만드는 하나의 장치들인 것 같아서 오히려 여성들이 더 이런 거 하지 말라고 해야 할 것 같다는 생각을 저는 합니다.

여자들이 왜 운전을 못 해, 뭘 못 해, 주차를 못 하나 여자들이 전혀 그렇지 않아, 우리 주차선 분홍색으로 만드는 거 이런 80~90년대 생각 좀 때려 부수라고 여성들이 이걸 주장해야 한다고 난 생각하거든요. 그러니까 그런 것들이 없어질 때가 오히려 더 진정한 남녀평등으로 이어질 것 같다고 가볍게 말씀드리고 싶습니다.

계엄령은 결국 소통 부족이 원인

지승호   전작에도 마무리 부분에 "책을 마무리하는데 정말 생각지도 못한 일이 터졌다"라고 쓰셨지 않습니까? 작년 12월 3일에 어떤 생각이 드셨나요?

정영진   많은 분이 그러셨을 텐데, 저도 맨 처음에 첫 보도만 보고는 페이크 뉴스인 줄 알았어요.

지승호   그렇죠? 저도 페이크 뉴스인 줄 알았습니다.

정영진   그런 분들 많으신 것 같더라고요. 그래서 가짜 뉴스 내지는 딥페이크 이런 거 있잖아요. 이렇게 장난친 건가, 왜냐하면 도저히 상상할 수가 없는 일이니까요.

지승호   저는 어떤 분이 쓴 것을 보고 해킹 당한 줄 알았어요. '해킹 당하셨어요?' 그랬더니 아니라고 팩트라고 그러서 가지고.

정영진   저도 그때부터 인터넷 열고 TV 켜고 하면서 봤는데 진짜더라고요. 그래서 그 대통령의 계엄 포고령을 보는데 어떻게 대한민국, 2024년에 이런 일이 있나 싶었습니다. 저희 집이 대방동인데 군 헬기 이동하는 소리가 막 들리는 거예요. 그래서 막 고민을 했죠. 어떻게 해야 할까?

그날이 12월 3일이었고 주중이었잖아요. 〈삼프로 TV〉 라이브가 아침 7시부터 하는데 싹 밀고 특별 방송을 하게 된 거죠. 그 특별 방송도 하고 그날 오후에 있었던 〈장르만 여의도〉 프로그램에서도 특별 방송을 했는데 사실 전혀 예상치는 못했습니다. 이런 식의 문제는 아니지만 하여튼 뭔가 평온하게 윤석열 정권이 잘 마무리되긴 어려울 것 같다는 생각은 하고 있었거든요. 왜냐하면 그전에도 계속 명태균 관련해서 뭔가 터지고 또 김건희 씨와 관련해서 계속 터지고, 대통령은 야당이랑 대화할 생각이 없는 것 같고, 이렇게 강 대 강으로 가다보면 결국은 뭔가 일이 벌어지게 돼 있잖아요. 그래서 뭔가 일이 있을 수도 있겠다는 생각을 했는데, 특검 가서 어떻게 된다든지 이런 거 정도 생각을 했지 계엄을 할 거라고는 전혀 생각을 못 했고, 계엄이란 수단을 어떻게 떠올렸는지가 저는 되게 궁금했어요. 왜 그랬을까? 왜 12월 3일일까도 궁금했지만 '왜 계엄이라는 걸 했을까?'를 정말 그 이후로도 한참 동안 생각을 많이 했어요.

각자 모두가 다른 자기만의 세계가 있을 수는 있지만, 대통령의 세계는 정말 좀 많이 달랐던 것 같다는 생각이 들었습니다. 그 세계에서 꽤 오래 살아왔고 또 그 세계에서 만난 사람들을 주로 만나왔고, 그 세계에서 통하는 커뮤니케이션 방식으로 소통했고, 그러다 보니 그 세계에선 어쩌면 이런 계엄이라는 것도 가능한 선택지 중에 하나였던 것이라는 생각을 했고, 아마 그 양반 생각에는 계엄 아니고는 지금의 상황을 타개할 다른 방도가 없었다고 판단을 한 것 같아요.

나와 다른 사람들과 상식적인 방법으로 끊임없이 소통한다는 게 굉장히 중요한 일이라는 걸 다시 한번 느꼈는데요. 저도 어쩌면 저의 세계에 사느라고 저와 다른 생각 혹은 저와 전혀 다른 환경에 있는 사람들과 소통을 잘 못 할 수도 있잖아요. 그런 것도 좀 불편하더라도 해야 하겠다는 생각을 더 하게 됐죠.

지승호   어쨌든 좀 생각이 다를 수는 있는데요. 소위 극우라고 하는 분들이 하는 걸 보면요. 이를테면 가수 아이유 씨를 간첩이라고 CIA에 신고한다든지, 간첩이라고 생각하는 것도 황당하지만, 그걸 CIA에 신고할 일도 아니고, CIA에서 신고를 받지도 않지 않습니까? 근데 왜 그런 행동을 하는 걸까요?

정영진   일단은 그 사람들을 극우라고 얘기해 줄 수도 없을 것 같아요.

지승호   그렇죠. 사실 극우라고 하면 김구 같은 분들이 우리 민족을 지키기 위해서 폭력을 쓸 수도 있다, 이런 건데요.

정영진   그렇죠. 민족주의가 기본적으로 베이스가 돼 있어야 하는데요.

우리는 좌파 쪽이 민족주의적 성격이 강하기도 하고, 하여튼 그게 좀 헷갈리는 부분인데요. 여하튼 그 사람들은 그냥 극단주의자들인 것 같기는 하고요. 그들의 뿌리부터 좀 보면 개신교 기독교 세력들이 결탁이 좀 돼 있는 거잖아요.

지승호 그렇죠.

정영진 그러니까 이건 그들이 이해할 만한 부분이 있다는 얘기는 아니고, 그들이 왜 그런지를 고민하다가 약간 논리적으로 이해는 좀 했거든요. 뭐냐 하면 우리나라 개신교의 아주 큰 줄기 하나가 북한의 평양, 이쪽에서 내려오신 분들이잖아요. 그분들은 자신들의 모든 것을 뺏긴 사람들이고, 그러니까 북한이나 공산주의자들을 극단적으로 증오할 수밖에 없는 건 이해가 된다는 거죠. 물론 저는 동의하지는 않지만 그거 하나가 있는 데다가 또 이승만부터 시작된 개신교 밀어주기 이런 것들이 쭉 이어지긴 했었잖아요. 서로 이용한 거죠. 종교와 정치가.
국민의힘 계열을 쭉 타고 올라가면 그들과 끈끈한 연이 좀 있던 것 같고, 북한을 굉장히 싫어하는 그 반공주의적인 사상이 무장이 좀 돼 있고, 또 미국에 대한 보은 심리가 굉장히 강하더라구요. 미국에 대해 우리가 너무 고맙고, 그러니까 갚아줘야 한다. 아니 고마운 건 저는 충분히 이해할 수 있을 것 같아요. 어쨌든 6·25 때도 그들 입장에서 굉장히 많이 도와준 것이고 설령 미국이 자신들의 이익에 맞춰서 행동했다 하더라도 어쨌든 우리에겐 도움이 된 거니까요.

그래서 그런 거에 대한 고마움 그다음에 그걸 우리는 언젠가 갚아야 한다, 또 하나님의 은혜로 뭔가 일어나야 한다, 이런 생각들이 워낙 강하게 있다 보니까요. 그래서 이제 반공의 정치, 반공의 기치를 내건 정치 세력들에 굉장히 힘을 더 실어 주려고도 하고 또 미국 성조기 들고 다니고 또 이 주님의 은총을 저 멀리 이스라엘까지 전하기 위해서 이스라엘기도 막 이렇게 들고 다니잖아요. 또 그쪽의 종교 지도자라고 하는 사람들은 어마어마한 금전적인.

지승호   이득을 취하고 있는 것으로 보이죠.

정영진   그렇죠. 그래서 계속해서 사람들한테 공포심 조장하고 이러다 나라 다시 북으로 넘어간다, 이런 공포 마케팅 하면서 서로의 이익들이 이렇게 잘 짝짜꿍이 돼서 그러는 것 같긴 한데요.

지승호   말씀하신 대로 그 부분은 이해가 가거든요. 이를테면 헤게모니 싸움이라고 하면 어느 정도 자기 편들을 끌어들여야지, 수적으로 이렇게 많아져야 이길 수 있잖아요. 그런 데 보면 아이유를 간첩이라고 얘기한다든지 가수 이승환 씨를 종북이라고 몰아붙이고 이번에 또 수거 대상에도 또 차범근 씨가 들어갔던 부분이 있었는데요. 이런 것들에 대한 문제의식이 별로 없다는 것이 놀랍거든요.

정영진 마케팅이 우리 손님이 아닌 새로운 손님을 모시는 마케팅이 있는 것 같고, 지금 있는 손님들을 일단은 꽉 잡아두자, 이런 마케팅이 있는 것 같은데요. 예전에 내가 잡아 놓은 손님 100명한테 1만 원씩 뽑았다면 이들이 50명이 되더라도 2만 원씩 뽑으면 어차피 100만 원이면 되는 거니까요. 마케팅 방법은 다를 수 있는데 새로운 사람들을 끌어모은다는 거는 그들로서는 사실상 불가능에 가까운 것 같아서 그런 것 아닐까 싶습니다. 그들이 정말 5천만 중에 2,500만 혹은 한 1,500만이 양쪽에 있다고 치더라도 그들이 다 나올 수도 없고 그럴 필요도 없는 거고요. 이 중에 3만 명, 5만 명만 나와도 일단 눈으로 당장 보이는 건 어마어마한 숫자니까요. 그래서 그 3만 명, 5만 명으로도 충분히 그들은 경제적 이익도 취하고 사람들한테 데먼스트레이션도 해줄 수 있는 것 같고, 모임 3만 명은 사실 요즘은 진짜 대단한 거잖아요. 옛날에야 87년 김대중, 김영삼 씨가 집회를 하면 100만 명씩 모였지만요.

지승호 그때는 그랬죠.

정영진 근데 지금은 국회의원 선거 유세에 후보들이 나가도 100명, 200명 모이기도 쉽지 않잖아요. 그러니까 교회에서 한 1만 명, 2만 명 이렇게 모아주면 정치인들도 간다고 하더라고요.

지승호 어떤 분들은 "탄핵이 인용이 되고 그러면 극우들이 상당히 좀 사그라들 거다"라고 하는데 제가 볼 때는 이 사람들이 그럴 것 같지 않거든요. 부정 선거 이런 얘기는 사실은 법원 같은 데서도 그렇지 않다는 판결이 나왔음에도 불구하고 믿지 않는 건 사실은 방법이 없지 않습니까?

정영진 그러니까 신앙의 영역을 논리의 영역으로 어떻게 설득할 수 있다, 바뀔 수 있다고 믿는 것이 난 바보 같은 짓이라고 생각을 해요. 그러니까 예를 들면 종교를 과학으로 어떻게 설득을 할 수 있겠어요? 전 안 된다고 보거든요. 이건 논리적으로 해결할 수 있는 문제는 아닌 것 같고, 그래서 그들은 지금 부정 선거 아무리 없다는 명백한 증거를 계속 갖다 드려도 그것과 무관하게 자신들이 해야 할 이야기라고 생각하고 그냥 계속 그 이야기를 하는 거니까 그건 못 막을 것 같고요.

그래서 말씀하신 것처럼 저도 탄핵이 되면 그들의 세력이 사그라질 것 같다는 생각이 들지는 않습니다. 물론 그들 중 일부는 약간 힘에 굴복하는 특징은 있긴 하거든요. 내가 지금 따르고 있는 사람이 강자가 아니라고 생각하면 그게 좀 약해질 수 있는 부분이 있는데요. 저는 그거보다는 더 갈등이 커질 것 같아요. 왜냐하면 지금은 어느 정도 숫자가 형성이 된 데다가 언제든지 뭔가에 의해 그 세력이 힘을 얻을 것 같다는 느낌적 느낌이 듭니다. 우리 정치인들도 예전에는 아예 외면을 했었잖아요. 일부 사람들 빼고는. 근데 지금은 상당수 정치인이 거기에서 연설도 하고 설득도 하고 또 응원도 하고 하니까 결코 세력이 작아지기가 쉽지 않을 것 같고요. 20, 30대도 그런데, 조금 나이가 있으신 분들 같은 경우는 증오와 분노가 꽤 쌓여 있으신 것 같더라고요. 그래서 그 증오와 분노를 풀어내는 방법은 뭐가 있을까 고민을 하게 됩니다.

진정한 과학적 사고가 필요하다

지승호   내신 책에 "지금보다 이성적인 사회가 되기를 원하는 사람에게 방향키를 쥐어준 책" 이렇게 적혀 있는데요. 그동안 주장하신 것도 그렇고, 각자 생각을 하고 그런 이성적인 힘을 많이 키워 나가서 이 상수를 통제하는 수밖에 없다는 생각밖에 안 드는데요.

정영진 그렇게 이성적인 사람들이 더 늘어나는 것만이 근본적인 해결책이라고 보기는 하고요. 조금 더 나아가서 말씀드리면 과학적인 사고라고 생각을 합니다. 과학적 사고라는 게 대단한 게 아니고 어떤 상황이 생겼을 때 거기에 내가 가설을 세우고 그 가설을 검증을 해보고 그다음에 그 검증 결과 그 가설이 맞으면 그걸 나의 이론으로 받아들이고 만약에 그 검증 결과가 틀렸다고 하면 또 다른 가설을 세우거나 이렇게 하는 게 결국 과학적 사고인 거잖아요. 꼭 무슨 실험 도구를 사서 하는 건 아니더라도 스스로 어떤 현상을 보면서 '이런 건가' 하고 좀 합리적으로 검증을 해보고, '아, 이거 아니구나' 아니면 '이게 맞구나' 이렇게 판단을 해야 되는데 지금은 그 과정들이 많이 생략이 돼 있는 것 같거든요.

제발 그렇게 뭔가 생겼을 때 일단 한번 의심해 보고 '그럼 이건 뭘까' 한번 자기 스스로 생각을 해보고 관련된 것도 찾아보고 '아 이게 맞구나' 하고 판단하는 과정만 거치더라도 설령 생각이 나와 다른 사람들이 얼마든지 있어도 그건 대화가 가능한데요. 지금은 아예 근거나 논리 없이 오로지 주장과 분노 이런 것들만 서로 양쪽에 존재하는 상황이라 이거를 과연 해결할 수 있을까, 저는 사람들이 과학적 사고를 하지 않으면 불가능하다고 보거든요.

이건 좀 작은 얘기긴 한데 수포자(수학 포기자)들이 한 20년 전부터 급격하게 늘어났거든요. 예전에는 아무리 뭘 공부하기 힘들고 해도 그냥 기본적으로 해야 하는 최소한의 것들이 있었는데 지금은 평균적인 최소한의 라인이 없어진 것 같아요. 아예 "그냥 안 볼래" 하는 애들도 많아졌구요. 다른 방법으로 대학도 갈 수도 있고요. 근데 수학이 과학과 매우 밀접한 관련이 있잖아요. 수포자들이 많아진 것과 지금의 이런 극단적인 사고가 더 창궐하는 것도 일부 연관은 있다고 봅니다. 그래서 저는 우리나라에서 다른 교육은 몰라도 수학 교육은 좀 시켰으면 좋겠다는 생각을 해요. 저는 문과지만 그래도 수학 교육만큼은 어느 정도 이상은 꼭 시켜야 된다고 생각합니다.

지승호 MBTI 열풍에 대해서 지적하셨듯이 또 우리가 좀 감성적인 면이 꽤 강하지 않습니까? MBTI를 절대적으로 믿는 것도 문제섬이 있지만 T에 대해서 '티발인간' 이런 식으로 감수성이 없고 공감 능력이 떨어지는 사람처럼 몰아세우는 것도 문제가 있다고 하셨잖아요. 속담에서도 "말 한마디로 천 냥 빚을 갚는다"고 하는데, 이거 사실 굉장히 이상한 얘기일 수도 있거든요.(웃음) 말 한마디 잘하면 용서할 수도 있고 말 한마디 잘못하면 또 반대로 굉장히 분노하고 이런 면이 있는 건데요.

정영진   MBTI는 제가 좀 시비를 걸고 싶었던 게 있어요. 사실 실제 문제가 이만큼인데 저는 그거보다 더 크게 제기한 것도 있긴 한데요. MBTI라는 게 사람들 사이에서 그냥 소소하게 나눌 수 있는 얘기 정도로 하는 것은 저는 나쁘지 않다고 봐요. MBTI 문제점 중 하나는 특히나 젊은 사람들이 설령 맹신까지는 안 하더라도요. 대화 주제로서 다른 수많은 종류 중에 MBTI가 하나라면 전 전혀 문제 삼지 않을 텐데, 정말 젊은 분들이랑 얘기해 보면 MBTI가 거의 필수적으로 들어가거든요. 그래서 저는 이거는 좀 문제다, 너무 우리 대화 주제의 빈곤함을 나타내는 것 같아서 제가 좀 더 욕한 것도 하나 있고요. 또 하나는 사실 예전에 우리도 혈액형 얘기 많이 했었죠. 혈액형은 적어도 얘기하는 사람이나 듣는 사람이나 서로 얘기할 때도 이게 진짜 그럴 거라는 생각까진 별로 안 하잖아요. 왜냐하면 사실 사람 성격이 네 가지로 나온다는 것 자체가 말도 안 되죠. 아무 연관성도 없고.

지승호   근데 가끔 신봉하는 분들이 계시죠. 나는 A형인데, A형이 무슨 형이랑 맞다더라, B형은 나쁜 남자다, 이런 식으로요. MBTI

도 그렇게 믿는 분들이 계신 것 같구요.

정영진   그런 사람이 소수 있었는데 MBTI는 사람들이 꽤나 과학적으로 받아들이는 것 같아요. 이건 내가 내 성격을 이렇게 체크하면서 한 거니까 비슷하게 들어맞는 경우는 좀 있겠지만, 이거 역시도 내가 체크하는 그날그날의 기분에 따라서도 답이 다르게 나올 수도 있고요. 지금 인터넷에서 하는 MBTI 테스트는 사실 정확한 MBTI 테스트가 아닌 경우가 거의 대다수거든요. 부정확한 이론을 가지고, 다른 사람을 라벨링하고 "아 쟤는 뭐다" 혹은 "어떤 MBTI를 갖고 있는 사람들은 무엇일 것이다"라는 그 편견 같은 것을 굉장히 강하게들 갖고 있으니까 이거는 심각하다는 생각이 들었습니다. 여기에 대해서 신뢰성을 훼손시키지 않으면 점점 더 강해질 수도 있겠다는 생각이 들었고, 그래서 제가 더 문제를 제기한 것도 있어요.

지승호   비과학적 사고, 감성적 사고가 이런 부분에서도 연결된다는 말씀이신 거잖아요.

정영진   그러니까 그 MBTI도 누가 정말 검증하자고 하면 또 많은 분이 그럴 거예요. "야 그거 그냥 재미로 하는 건데 뭘 또 그런 것까지 시비 거냐?"라고 할 텐데요. 그런 태도가 어쩌면 우리를 점점 더 비과학적으로 만들 수도 있을 것 같습니다. 왜냐하면 우

리나라 젊은이들이 사주를 그렇게 많이 본대요.

지승호   사실 타로도 좋아하고.

정영진   그렇죠. 그렇게 많이 보는 데는 일단 자기가 스스로 내가 어떤 사람인지를 본격적으로 잘 생각한 적도 별로 없어서 그런 것 같기도 하고요. 내가 나를 잘 모르기도 하고, 내가 또 타인을 판단하는 기준도 잘 서 있지 않으니까요. 내 가치관이 좀 잘 서 있으면, 가치관이라는 게 결국 좀 천박하게 얘기하면 가격 매기는 거잖아요. 저거의 가치는 이거다 혹은 저건 옳다, 그르다 이런 것들을 점수 매기는 게 가치관일 텐데요. 본인의 주관이나 잣대가 없으니까 남들이 뭘 떠먹여 주는 거에 되게 쉽게 선동들이 좀 되는 것 같아요. 아니면 그 가치관 비슷한 잣대 같은 것이 만들어져 있으면 거기에 누구를 자꾸 맞추려고 하고, 그게 본인의 잣대여야 되는데 획일적으로 그런 MBTI든 이런 거에 의해서 막 다른 사람들을 재단하려고 하고 판단하려고 하는데요. 아주 비과학적인 것임에도 불구하고 '비과학적이냐, 아니냐'를 중요하게 생각하지 않고 그냥 거기에 이렇게 따라가는 거 이런 게 다 문제인 것 같습니다.

지승호   생각 없음과 무책임이 다 연결이 되는 것 같습니다.

정영진　네. 맞습니다.

성숙하고 독립된 성인을 못 키워서 문제

지승호　성인은 내가 어떤 걸 고민해서 선택을 하고 그 결과에 책임을 져야 하는데요. '보니까 이건 내 운명이었던 것 같아' 이런 식의 약간의 무책임한 책임 전가 같은 것.

정영진　애들을 잘못 키운 어른들의 잘못도 있다고 생각을 하는데, 애들을 양육한다는 건 결국 애들이 혼자 설 수 있도록 도와주는 과정인 거잖아요. 그래서 대략 한 스무 살 정도 전후로 해서 "이제 너는 부모로부터 독립해서 너만의 어떤 세계를 가진 혹은 너의 능력으로 스스로 책임을 지고 사는 삶을 살아라"라고 해주는 그 과정이 필요한데요.

한 살 때는 정말 모든 생존부터 다 해줘야 하고 다섯 살쯤 되면 대충 그래도 지 앞가림을 조금은 하는 거를 가르쳐줘야 하고 열 살쯤 되면 자기 혼자 옷 챙겨 입고 방 청소하고 하는 거 가르쳐줘야 하고, 열 다섯 살쯤 되면 용돈 자기가 관리하는 거라든지 이런 걸 하나하나 다 가르쳐 줘야 하는데요.

점점 부모의 손이 좀 덜 들어가게 해줘야 하는데, 한 20~30년 전부터인 것 같은데 하여튼 워낙 애들이 적기도 하고 또 부모들이 애들한테 기대하는 것도 많고 본인이 또 아이들과 동일시를 많이 하다 보니까 아이의 성공이 본인의 성공이라고 생각도 많이 하니까 더 그렇겠습니다만 애들이 30세, 40세 됐는데도 독립을 못 시키고 그냥 내가 다 돌봐주고 더 많이 해주면 아이를 사랑하는 거라고 착각들을 많이 하고 키워서 그런지, 안 그런 사람들도 종종 있습니다만 꽤 많은 이삼십대를 보면 어른이라는 느낌이 안 들어요.

지승호 그렇죠. 아무래도.

정영진 성인이라는 느낌, 어른이라는 느낌이 안 들어요. 어른이라면 당연히 경제적인 건 본인이 책임을 져야 하고, 스무 살 전후에 저는 독립을 해야 한다고 생각하지만 우리나라 특성상 스물다섯 살 정도라고 늦춰 봐주더라도 그때는 그러면 경제적으로 독립을 한다는 건 일단 그건 기본이잖아요.

그다음에 심리적 독립이라든지 이런 것들이 쭉 따라가는 건데 자기 행동에 자기가 책임져야 하는 거 근데 그거를 부모님들이 무슨 군대에도 전화해서 우리 애를 왜 어디 식당으로 보내셨어요, 왜 애 힘들다고 하는데 훈련 안 빼주세요, 이런 부모들이 있다고 하잖아요. 회사에 전화 걸어서 "부장님이 오늘 뭐 하셨다면서요." 이거 정말 애들 인생 망치는 첫 번째 길이라고 저는 보는데, 그걸 전혀 문제의식 없이 하고 있는 부모들이 너무나 많다는 거, 그리고 그게 아이들에 대한 사랑이라고 착각하는 사람들이 너무나 많다는 게 문제라고 생각합니다. 우리나라의 미래가 정말 있을까 의심을 하게 되는 포인트이기도 하고요.

지승호 지하철이 한 12분 연착됐더니 부장님한테 전화해서 "차가 연착됐는데, 어떡하죠" 이렇게 물었다는 신문 기사도 있더라구요. 그 정도 사안에도 어쩔 줄 모르는 거죠. 안쓰럽기도 했구요.

정영진 어렸을 때부터 학원에서 다 가르쳐주고, 줄넘기도 가르쳐 준다면서요, 요즘은. 그러니까 애들이 아침부터 학교 가서 하고, 무슨 태권도니 피아노니 하여튼 모든 걸 학원에서 다 가르쳐 주는 건데요. 그러니까 입에 떠먹여 주는 것만 다 스물 몇 살까지 배우고 나서 사회 떡 나가니, 그러니까 사회에 아예 내보내지 않으면 문제없죠. 부모가 한 70세까지 계속 먹여 살릴 거면 오케이. 근데 그것도 아니면서 사회에 내보내면 누가 그렇게 돌봐주겠어요? 그런 부모들이 너무 많아요.

지승호 어떻게 보면 애를 막 옛날같이 뛰어놀게 하고, 애를 왕따 시키고 괴롭히면 문제가 되겠지만 학교 가서 좀 자기보다 적당히 센 애, 나쁜 애 이런 애랑 그냥 부대끼면서 사는 법을 배우는 건데요.

정영진　네. 맞습니다.

지승호　내가 쟤하고 어떤 관계를 맺어야 하고 이걸 해결하려면 어떻게 해야 하는지를 배우는 것도 학교였는데요. 근데 지금은 소위 대치 맘들 중에서는 그런 것도 학원을 보낸다고 하더라구요. 그러면 말씀하신 대로 그 아이가 컸을 때 계속 "엄마, 이건 어떻게 해야 되지?" 이렇게 물어볼 수밖에 없는 상황이 될 것 같습니다.

정영진　그런 애들이 이렇게 사회생활에 적응 못 하는 것도 문제지만 나중에 그 분노 표출을 이 사회에 어마어마한 수준으로 할 가능성이 매우 크다고 저는 보거든요. 왜냐하면 다 엄마가 해줬는데 갑자기 어느 순간 안 해주잖아요. 그러면 일단 엄마한테 강력한 분노를 드러낼 거고, 어렸을 때는 그래도 엄마가 나보다 힘이 세니까 어떻게 못 했더라도 한 열다섯 살 넘어가면 엄마보다 힘이 세니까 걔네들이 자기가 원하는 거를 좌절당했을 때 과연 그거를 참고 다른 뭔가 방법을 찾을 수 있을까. 저는 그거 못 할 거라고 보거든요. 그러면 분노를 부모한테 일단 1차적으로 표출할 거고 그다음에는 사회에 대해서 아마 표출할 거라고 봐요. 그런 면에서 '묻지 마 범죄'든 이런 것들이 대단히 걱정이 되네요.

지승호   하긴 옛날보다 소위 묻지 마 범죄들이 일어나는 일이 좀 잦아진 느낌이 들긴 하네요.

정영진   왜냐하면 자기도 자기 분노 감정을 컨트롤 할 수 없거든요. 한 번도 컨트롤 해본 적이 없고 다 엄마가 들어줬으니까, 엄마 아빠가 그러니 큰 걱정입니다.

지승호   집에서 안 되면 공교육에서 해야 할 텐데, 공교육 시스템이 무너져 지금 사실 학교에서도 애들을 어쩌질 못하잖아요.

정영진   부모들의 문제이기도 한데 애한테 한마디 하면 아동 학대 이런 걸로 바로 무슨 무슨 위원회 열자고 그러고. 그런 사람들이 우리 아이들의 부모들이라는 게, 물론 이게 절대다수는 아니겠습니다만 그래도 상당수라고 저는 알고 있거든요. 그게 진짜 그 아이들을 사랑하는 게 아닌데, 그거는 그냥 아이들의 미래를 망쳐놓는 길인데도 막을 수도 없고요. 무슨 방송이나 어디 이런 데서 또 "아이를 무조건 사랑으로 키워야 된다. 아이들 혼내면 안 된다" 이런 메시지들도 많이 내잖아요. 제가 말씀드렸는지 모르겠는데 아이들이 제일 먼저 배워야 하는 게 전 좌절이라고 생각합니다. 하면 안 되는 거 배워야 한다는 거죠.

지승호   그렇죠. 안 되는 걸 어떻게 참아야 되는지.

정영진   물론 응원과 격려 필요하죠. 잘하는 거 격려해주고 응원해 줄 필요 있지만 안 되는 걸 가르치지 않으면 그 아이는 제대로 사회화가 안 되는 거잖아요. 근데 예전에는 그래도 동네 골목에서 형들이랑 놀면서 그런 것을 배우죠. 아니면 학교에서도 좀 무서운 선배들 아니면 친구들 사이에도 서열이라는 게 있으니까 거기서 이제 그나마 좀 배웠는데 이제는 그것도 안 되잖아요. 그러니까 안 되는 걸 배우지도 못하고, 좌절했을 때 다시 용기 내서 일어서는 법 이런 걸 아예 못 배우니까 한 번 좌절하면 끝나는 줄 알고 아예 감정 컨트롤 못하고 이런 경우가 너무 많아서 걱정됩니다. 동네 형이든 길 가는 아저씨 어른 누구도 말 못 걸게 하고 애한테 한마디 하면 이거 아동 학대니 또 당신이 뭔데 우리 애 기죽이냐 이런 식으로 가면 방법이 없죠.

지승호   이제 부모님들이 그런 부분에 대해서 좀 생각을 하고 어릴 때부터 그런 방식으로 키우는 수밖에 없겠네요.

정영진   그럼 적어도 어른들을 교육하는 게 뭐가 있을까 제가 생각해

보면 어른들은 일단 학교를 졸업한 이후에는 사실 강제할 수 있는 것이 없잖아요. 그러면 그나마 할 수 있는 게 미디어 영역이었던 것 같거든요. 미디어 영역에서 과연 어른들한테 그런 정도의 교육 내지는 바른 길을 제시를 하고 있냐면 잘 못 하는 것 같고요. 지금 미디어에서 하는 거는 대체로 아주 특정 프로그램 얘기해서 뭐 합니다만 〈금쪽 같은 내 새끼〉란 이런 육아 프로그램이나 부부 프로그램 이런 거 보면 굉장히 자극적으로 가잖아요.

맨 처음에는 그 프로도 그런 취지는 아니었을 거라 생각을 해요. 맨 처음에는 조금 문제성이 있는 아이들을 오은영 선생님 같이 훌륭한 선생님께서 이렇게 잘 가르쳐 주시고 그다음에 부모에게도 이런 건 잘못했다는 걸 가르쳐주는 그게 원래 취지였을 텐데, 회차가 거듭될수록 당연히 시청률이라는 걸 생각 안 할 수 없죠. 그건 자본의 논리에 의해서, 그리고 사람들이 어떤 장면 좋아하는지 뻔히 알 거고 왜냐하면 분 단위로 시청률 다 들어가니까 그렇죠. 애가 물건을 집어 던져, 애가 엄마 머리채를 잡아, 그러면 시청률이 빵빵 뜨는 거를 알아요. 그러니까 눈에 보이니까 당연히 그 방송사에서는 어쩔 수 없이 그런 장면들을 자꾸 반복하고 더 센 거를 찾을 수밖에 없거든요. 그러면 원래 취지와는 조금 동떨어지게 그냥 아이의 문제 행동들만 부각하는 프로가 되는 거죠.

부부 무슨 솔루션 프로그램도 마찬가지고 부부 싸움에서 막 아주 자극적으로 집어 던지고 흉기 들고 이런 걸로 이제 막 나가잖아요. 예고편에 그런 거 나가야 또 시청률 올라가고 그렇죠. 그러니까 프로그램의 좋은 취지와는 달리 그런 자극적인 장면들만 자꾸 나가면 과연 그게 성인들에 대한 괜찮은 교육 자료로써 쓸 만한가, 아닐 거잖아요. 그러면 사람들이 그냥 그런 자극적인 장면 보다가 솔루션 나온 부분에서 그냥 채널을 돌려버리거든요.

제대로 된 성인 교육을 할 만한 혹은 좋은 정답을 제시할 만한 루트가 지금 거의 없는 것 같아서 이것도 저는 문제라고 생각합니다. 그나마 지역 커뮤니티라든지 이런 거라도 조금 활성화돼 있는 나라 같으면 그래도 좀 나을 텐데요. 생각보다 서구에 꽤 많은 나라는, 우리는 도시화도 빨리 진행이 됐고 또 아파트라는 매우 단절적인 주거 형태를 살면서 옆집 누군지 몰라, 밑에 집 누군지 모르고 층간 소음이 갈등의 대상이지 이들이랑 뭘 하질 않잖아요. 옛날엔 반상회라도 했지만 지금은 없잖아요. 외국 어디 하다못해 미국이든 캐나다 어디 가면 대체로 그 해당 집에 좀 오래 주거를 하기도 하고 아주 젊은 사람들은 아파트도 살지만 대체로 주택의 형태로 많이 살다 보니까 그래서 한 번 살면 5년, 10년 혹은 그 이상 살면서 그래도 이웃끼리 커뮤니티도 형성되고 하는데 우리는 그것도 아예 사라졌잖아요. 그러니까 그런 문제 행동이나 어떤 위급한 상황에 놓여 있다 하더라도 전혀 누가 어떻게 손을 쓸 수 있는 상황들이 안 돼서 우리나라는, 좀 건방진 얘기일 수 있습니다만 하여튼 꽤 절망적인 것 같다고 저는 판단을 하고 있어요.

지승호 그래서 직접 이렇게 뭔가 미디어를 통해서 하시는 거잖아요.
정영진 제가 하는 게 그 정도 영향력은 없어서요. 제가 기회가 있을 때 이런저런 얘기들 지금과 비슷한 얘기들도 종종 하긴 합니다만 얼마나 영향이 있겠습니까?

온라인 댓글은 진정한 소통이 아니다

지승호 그래도 이렇게 누군가는 또 얘기하고 뭔가 소통을 하자고 손을 내밀어야 하잖아요. 요즘은 세대 간에 갈등 이런 게 없는 것 같거든요. 아예 대화를 안 하니까.(웃음) 옛날에는 싸우기나 했지, 지금은 다른 종족이라고 생각하고 아예 피해버리는 것 같

	은데요. MZ 세대와 소통하기 위해서 어떤 노력이나 고민을 하십니까?
정영진	젊은 세대들이 그 윗세대들을 보면서 너무 올드하다, 너무 구식 구닥다리 얘기한다. 이거는 어느 세대도 비슷했던 것 같아요. 저희도 윗세대 보면서 "아, 저 꼰대 아저씨" 이런 얘기를 했었던 것 같으니까요. 예전보다 정도가 더 심해졌냐, 저는 그거는 맞는 것 같아요. 예전에는 그래도 이게 꼭 좋아하진 않더라도 어쩔 수 없이라도 소통 내지는 커뮤니케이션이 있을 수밖에 없는 상황들이 좀 많이 있잖아요. 지금은 굳이 소통하지 않아도 본인들의 생활에 전혀 큰 어려움이 없다고들 생각하니까요.
지승호	사회가 좀 그렇게 된 부분도 있는 것 같고요.
정영진	예전에는 어떤 사람 본인이 있고, 그다음에 그 주변에 사람들이 있고 더 큰 어떤 무리 무리들이 있어서 거기서 방사형으로 어떻게 어떻게 연결들이 있었잖아요. 이런 식으로 우리 지역에 관한 혹은 학교에 관한 혹은 회사에 관한 이런 여러 연들이 좀 맺어져 있었던 것 같은데요. 그리고 매스미디어라는 걸 통해서 이게 좋은 건 아니지만 여튼 여러 사람들이 비슷한 수준의 어떤 미디어의 영향을 받게 됐었는데요. 지금은 나를 둘러싼 수많은 개인화된 디바이스의 개인화된 채

널들로 꽁꽁 자신을 둘러싸고 방어벽을 칠 수가 있잖아요. 어디 이동할 때도 그냥 이어폰 딱 끼고 핸드폰 보면서 가는데요. 저는 한 20~30년 전에 지하철 탈 때 기억을 해보면 물건 파는 아저씨들 돌아다니시는 것도 보게 되고, 또 다른 사람 뭐 하는지 보게 되는데요. 왜냐하면 뻘쭘하니까 보기도 하고 또 책 읽는 아저씨니 신문 보는 분들을 봤던 기억이 좀 있습니다. 그렇게 옆 사람들과의 대화까지는 아니더라도 그런 영향들이 조금씩 있었던 것 같아요. 주고받는 것들이.

근데 이제는 지하철 타건 버스를 타건 아니면 차를 운전하건 무조건 그냥 자기 개인화된 디바이스에 내가 좋아하는 채널들에 내가 좋아하는 미디어로만 완전한 성벽을 쌓을 수 있잖아요. 옛날에는 그게 불가능했는데, 이제 충분히 내가 좋아하는 타일로 나만의 성을 다 완성을 해놓고 아주 필요한 생존에 관련해서만 잠깐 편의점을 가든 아니면 쿠팡 주문을 하든 이렇게 됐습니다. 심지어는 이제 주문할 때도 다 키오스크나 아니면 테이블에 있는 메뉴 주문하는 걸로 하니까 종업원들이랑 얘기도 안 하잖아요. 정말 이제는 누구와 얘기하지 않아도 될 만한 아주 좋은 환경들이 마련이 된 것 같고, 그러면 그럴수록 다른 사람과 대화하는 법도 알 필요가 없어지는 것 같습니다. 솔직히 저도 요즘은 잘 못 해요. 저도 주문할 때 "저기요" 얘기하고 이거를 이제는 좀 잘 못 하겠어요.

지승호   키오스크가 편하기도 하구요. 나이 드신 분들은 불편하다는 분들도 계시지만요.

정영진   해보면 그게 더 편해요. 그리고 예전에는 짜장면 주문할 때도 전화해서 사장님 여기 몇 번지인데요, 이렇게 했잖아요. 오시면 계산 해서 돈 드리고, 먹은 다음에 그릇 내놔야 되고. 이제 이런 소통조차 전혀 필요 없어요. 아주 기본적인 소통도 필요 없게 된 거죠.

지승호   그렇죠.

정영진   이렇게 점점 사람과 직접 소통할 일은 없고 굳이 한다면 그 무슨 유튜브에 댓글이나 아니면 무슨 포털 사이트 뉴스에 댓글 이런 거 정도로 소통을 하는데요. 그거는 실시간 소통이 아니잖아요. 또 그러니까 그것도 약간 좀 차이가 있는 것 같아요. 저랑 작가님이 대화할 때는 제 말을 들으시면서 끼어들 때 끼어드시고 여기에 대해서 바로 질문할 때 또 질문하고, 저는 또 답하고 이렇게 되잖아요. 그것과 채팅할 때 이 사람이 뭐라고 뚜두두둑 얘기해 놓고 딱 완료된 상황에서 제가 다시 그 완료된 문장에서 제 말을 쓰고 이것과는 또 커뮤니케이션의 형태가 좀 달라지는 것 같거든요. 아무래도 서로 간의 실시간 커뮤니케이션이 아닌 단절된 서로 간의 커뮤니케이션, 그것도 굉장히 제한적인, 그리고 감정을 잘 파악하기 어려운 커뮤니케이션인 것 같아요.

지승호 댓글이나 문자만 해도 '내가 편할 때, 내가 달고 싶을 때 달겠다' 이런 게 있으니까요.

정영진 우리가 대화를 하지만 제가 말하는 텍스트 외의 것들도 사실 커뮤니케이션에는 많이 들어가 있잖아요. 제스처도 있고, 제 말에 높낮이도 있을 거고 표정도 있을 텐데요. 지금은 오로지 텍스트로만 감정까지 표현을 해야 되니까 텍스트가 오히려 더 세지는 것 같아요. 예전에는 말에, 손짓에, 표정으로 조금 다른 여러 가지 것들을 가미해서 전달할 수 있으니까 굳이 말을 그렇게 세게 할 필요가 없었는데요. 이제는 온리 텍스트로만 나 화난 거 내가 기분 좋은 걸 표현해야 하니까 오히려 더 말은 거칠어지고, 그 텍스트도 거칠어지는 것 같습니다. 당연히 한쪽이 거칠어지면 다른 쪽은 에스컬레이팅 되는 거니까 그래서 더 댓글에서 아주 심각한 얘기들이 많아지는 거 아닌가 하는 생각도 듭니다.

지승호   거기다가 얼굴 보면 못할 얘기도 막 할 수 있으니까요.(웃음)

정영진   그렇죠. 맞아요.

지승호   당장 얼굴 보고 하면 맞을 수도 있지만 댓글로 하면 맞지도 않고.(웃음)

정영진   우리는 물리적 폭력이라는 거를 약간 염두에 두고 늘 대화를 하잖아요. 술집에서든 어디서든. 근데 온라인에서야 그럴 게 전혀 없으니까 그렇죠.

실패에 가혹한 풍토가 의대 열풍의 한 원인

지승호   지금 1등들이 다 의대만 가잖아요. 그것도 지나고 보면 굉장히 문제가 될 텐데요. 기초 과학이나 이런 부분이 취약해질 수도 있고요. 의사분들도 시실은 특정 과 빼고는 "의과는 똑똑한 애들보다는 성실한 애가 가는 게 낫다" 이렇게 얘기를 하시더라구요. 정말 우수한 인재들이 다 의대에 가는 거는 사실 사회적인 낭비 같기도 한데 그거를 좀 바꿀 방법은 뭐가 있을까요?

정영진   우리나라 의대에 전통적으로 머리 좋은 친구들이 많이 갔겠죠.

공부 잘하는 친구들이 간 건 사실인데, 지금처럼 1등부터 3천 등까지 가고 그 뒤에 서울대 이렇게 쭉 가고 이런 경우는 없었잖아요. 왜 이렇게 됐을까, 저도 생각을 좀 해봤는데요. 일단 왜 그렇게 됐는지를 알아야 이걸 어떻게 바꿀지 알 거 아니에요? 이건 제 개인적인 생각입니다만, 대략 IMF 이후로 그 현상들이 좀 강해진 것 같아요. 사회가 좀 불안해지다 보니까 그래도 안정적이면서 고수익을 얻을 수 있고 존경도 받는 몇 안 되는 전문직 중에 하나고.

예전에는 생명과 관련된 일들을 하는 게 의사라고 생각했다면 요즘은 사실 사람의 생명과 직접적인 연관은 없는 피부과, 안과, 성형외과 이런 것들이 정말 잘 나가는 과들이잖아요. 우리가 소득 수준이 꽤 높아졌으니까 당연히 그런 미용이라든지 성형 이런 거에 돈을 많이 쓸 수 있다고 생각을 하는데 피부 미용이나 성형 쪽에는 그 시술의 어떤 특성 때문이기도 하지만 사실 우리나라에서 의사들한테만 길을 열어준 부분도 좀 있는 것 같아요. 딱 그냥 가두리 양식장에 "너네들만 영업하세요"라고 해주니까 사람들의 수요는 분명히 있고 자기들만 할 수 있는 라이센스가 있고.

그러니 그런 사람들은 일부겠습니다만 실제 자기들이 뭘 시술도 안 하면서 그냥 앉아서 얘기 잠깐 하고 간호사들이 다 해요.

피부과 이런 데 가보면 도대체 의사가 왜 필요한가 싶을 정도로. 그러면서 막 공장형으로 돌리는 피부과들이 서울에 되게 많거든요. 베드가 막 30개 쫙 누워 있고 이게 의사, 이게 병원 의원이 해야 될 일인가? 그냥 피부 관리소 이런 데서 해도 얼마든지 가능한 일인 것 같은데 우리는 하다못해 무슨 타투도 불법이잖아요.

지승호 맞아요.

정영진 그러니까 의사들한테 이런 독점적 라이센스를 나라가 주고 저는 이 독점적으로 준 데는 예전에 의사들한테 충분하게 금전적으로 보전해 주지 못하니까 우리 의료보험을 저가로 잘 유지하기 위해서 의사들한테 특혜를 좀 많이 준 것 같아요. 근데 그게 그대로 남아 있는 상태에서 의사 정원도 늘려주지 않고 "너네들만 해라"고 하면서 대신 수요는 많아지고 사람들 돈은 많아지고 이러니까 그 많아진 수요에 많아진 돈들이 죄다 이 피부 미용과 성형과 안과 이런 데 다 몰린 거죠.

그래서 돈을 일 년에 수십억씩 버는 사람들이 막 생겨나고 이렇게 좋은 일인데 나라가 이렇게 보장해 주는데 당연히 다른 어떤 사업을 해서 이렇게 벌 수 있겠어요. '그냥 의사가 되는 게 최고지'라고 판단한 분들이 많아진 것 같고요. 사람들이 이것저것 비교를 좀 해볼 텐데 예를 들어 외국 같으면 무슨 스타트업에서 100억, 천억, 1조 이런 부자들이 생겨나잖아요. 첫번째는 그 불안한 상황에서 안정적으로 돈 많이 버는 고소득, 거기에 사회의 부가 많이 쏠린 거 하나가 있을 거구요. 또 하나는 그럼에도 불구하고 원래 좀 과학 천재 이런 애들은 컴퓨터 공학이든 이런 데 많이 갔잖아요. 그런 데 가서 스타트업도 하고 벤처로 쫙 일어서고 했어야 하는데 2000년에 벤처 붐이 한 번 쫙 일어났다가 싹 망가지면서 그 머리 좋은 사람들이 다 주저앉는 걸 목격을 했잖아요. 근데 미국 같은 경우처럼 머리 좋은 사람들 그러니까 스타트업 했다가 실패했어도 한 번 두 번 세 번 더 일어날 기회들을 많이 좀 주자고 했으면 달랐을 것 같아요.

지승호 그렇죠. 거긴 실패한 사람이 다시 재기할 수 있는 구조죠.

정영진 근데 그 실패가 사실은 굉장히 중요한 건데 "이렇게 실패하더라. 그러니까 이렇게는 안 해야겠다"는 걸 배운 사람들이잖아요. 사실 그들의 경험이 굉장히 중요한데, 그 경험들은 싹 사라지고 일부 극소수의 성공한 사람들만 살아남는 시스템이다 보니까요. 실패한 사람들이 다시는 사업 못 하겠죠. 옛날 같았으면 대학 다닐 때 내 밑에 있던 애가 의사 되고 지금 막 100억,

200억짜리 빌딩 올리고 있는데 나는 그 사업한다고 괜히 나섰다가 이 모양 이 꼴이 됐어요. 그러면 "야 니네들은 절대 사업 같은 거 생각하지도 말고 그냥 의사 해" 이렇게 되는 거잖아요. 그러니까 우리의 시스템이 실패한 사람들에 대해서 특히 사업적으로 실패한 사람들에 대해서 기회를 더 주지 않는다는 것도 의대에 몰리게 된 하나의 원인인 것 같기도 합니다. 우리나라가 사농공상士農工商이라고 해서 '사'를 최고 위로 놓고, 상인을 제일 밑으로 놓았잖아요. 원래 사실 그러면 안 되는데, 그러니까 우리가 자본주의 사회인데 장사하고 사업하고 이런 사람들보단 오히려 의사 변호사 판사 이런 사람들이 훨씬 더 위에 있는 사람인 것처럼 생각하는 이런 것도 하나의 원인이라고 생각합니다.

지승호 실제로 결혼정보회사 이런 데서 점수가 의사 판사 검사 이런 사람들이 등급이 높게 나온다고 하니까요.

정영진 진짜 일부, 의사 출신인데 바이오 업체 설립해서 잘 되신 분들이 있긴 한데요. 그건 어쨌든 한정적일 거고. 우리나라에도 데이터나 아니면 저 AI 관련해서도 좋은 인재들이 분명히 있을 텐데 그들이 죄다 지금 의사를 하고 있으니 이건 나라 미래가, 저는 이렇게 되면 희망이 별로 없을 것 같거든요. 물론 의료 강

국은 되겠죠. 그리고 의료 강국이 돼서 당연히 의료 수요는 많아질 거고 또 외국에서도 의료 관광 올 수도 있는데 그거는 전체 산업으로 보자면 우리나라 전체를 먹여 살릴 건 아닌 거니까요. 우리나라 미래가 많이 어두운 것 같다는 생각을 또 한 번 하게 됩니다. 지금 중국만 하더라도 사실 그런 스타트업들이 막 어마어마하게 생겨나고 있고, 이미 많았고, AI 관련해서도 지금 우리나라가 이미 중국에 한참 뒤떨어져 있는 상태거든요. 반도체도 역시 마찬가지고, 과연 미래 먹거리가 우리한테 뭐가 있을까 많이 걱정이 되죠.

한강 둔치에 임대주택을 짓자

지승호 우리가 예민하게 생각하는 게 부동산이지 않습니까? 부동산 정책을 잘못 쓰면 정권이 넘어가기도 하고 이러는데요.

정영진 우리들이 좀 이율배반적인 부분이 있다고 보는데요. 없으면 폭락하길 바라고, 있으면 계속 상승하길 바라고, 그러면서도 비싸다 비싸다 얘기는 다들 하고 있는데요. 근데 저는 집값이 정말 비싼가 한 번 좀 따져볼 필요는 있다고 봐요. 뭐냐하면 예를 들어 뉴욕에 가요. 뉴욕 맨하탄 가면 500억, 천 억짜리 아파트가 있거든요. 물론 되게 화려하죠. 그러니까 우리로 따지면 저 롯데타워에 있는 시그니엘 같은 걸 거예요. 우리는 그렇게 비싸지 않거든요. 500억, 천억은 안 해요.

지승호   그렇죠. 그런 게 나오면 또 막 표적이 되겠죠.

정영진   그렇죠. 근데 강남에 한 30억 50억짜리 아파트들이 막 지금 열심히 생겨나고 있는데 우리 보통의 직장인들이 사실 살 수 없는 집이라고 저는 생각하거든요. 직장인들이 20년 모아도 아파트 못 산다는 게 말이 되느냐는 얘기를 하는데 저는 집에 따라서는 얼마든지 못 살 수 있는 집도 많다고 생각을 해요. 그리고 그게 이상한 일이라고 생각하지는 않아요. 아니 그럼 런던엔 다 20억 원 이하의 주택들만 있느냐 전혀 그렇지 않거든요. 시드니에 가도 100억, 200억짜리도 있고, 5억, 10억짜리도 있고 가격이 굉장히 다양하게 있는 건데요. 왜 우리는 아파트가 100억짜리가 있으면 안 되고 15억 밑으로만 있어야 되는지 저는 그걸 잘 이해를 못 하겠습니다. 비싼 건 비싼 대로 있을 수 있고 설령 30평짜리지만 100억 아파트 저는 있을 수 있다고 생각해요. 무슨 건축 자재를 썼든 아니면 부동산이라는 게 특정 지역에 있는 것만으로도 이제 어마어마한 프리미엄을 가지니까 뭐 있는 사람들은 이렇게 사는 거고.

지승호   명품이 있으니까 집도 명품이 존재할 수 있다는 거네요.

정영진   그렇죠. 시계 하나에 2만 원짜리 카시오도 있지만 2천만 원짜리 롤렉스도 있는 거 아니에요? 그럼 부동산도 충분히, 저는 그 가격의 다양성에 대해서는 인정을 해야 한다고 생각하는 사람이고요. 대신 그만큼 비싼 집이면 그만큼 비싼 집을 소유하고 누리는 것에 대한 세금이나 이런 것들은 당연히 충분히 있어야 하겠죠. 그것만 확보된다면 저는 50억짜리 100억짜리 아파트가 얼마든지 서울 강남에 있어도 문제가 없다고 생각하고요. 다만 그러면 그 정도 값을 지불할 수 없는 사람들은 아예 서울에 살면 안 되느냐 그건 아니겠죠. 서울에도 그렇다고 막 100억짜리 아파트들이 서울 전 지역에 다 깔릴 수는 없는 거예요. 그렇게 해봐야 수요가 또 그렇게 따라주지를 못하니까. 그러니까 수요와 공급에 의해서 가격은 좀 매겨지는 거긴 한데요. 서울에 어떤 지역 가면 여전히 5억, 10억짜리 아파트도 많이 있으니까 자연스럽게 본인의 부의 정도에 따라서 이동하고 이렇게 움직여 다니는 게 자연스러운 일이라고 저는 생각하고 있습니다.

다만 주거라는 거는 우리가 초코파이나 무슨 시계와는 달리 주거 안정성이라는 건 반드시 좀 필요한 가치이기도 하잖아요. 그래서 국가에서 그리고 정부에서 롤렉스 식의 가격은 개입할 필요가 전혀 없지만 주택이 자율적으로 활발하게 팔리는 데 말고.

지승호 공공임대주택?

정영진 그렇죠. 공공 임대라든지 그런 걸 확보할 필요는 있다고 생각을 해요. 저는 솔직히 얘기하면 좀 급진적인 얘기이긴 한데요. 한강 주변에 되게 넓은 땅이 저는 있다고 생각하거든요. 한강 둔치에 강남, 강북 따지면 어마어마하게 넓은 땅이 있잖아요. 전 거기에 청년들을 위한 임대주택이든 저소득층을 위한 임대주택이든 지어야 한다고 생각합니다. 왜냐하면 한강 바로 앞에 있으면 얼마나 낭만도 있고 좋아요.(웃음) 저는 그거 하면 좋을 것 같거든요.

그럼 이제 싫어하는 사람들이 생기겠죠. 현재 한강 뷰를 누리고 있는 한강 앞의 압구정, 이런 곳에 사는 사람들이 뭐라고 하겠죠. 하지만 그거는 그 사람들이 소유한 건 아니잖아요. 한강 뷰를. 그 사람들이 태어날 때부터 소유한 건 아니고 그건 공공의 것이기 때문에 공공의 목적으로 얼마든지 저는 쓰일 수 있다고 보거든요.

지금도 네덜란드 암스테르담 같은 데 가면 그런 스타일은 아니지만 배 같은 걸 많이 띄워 청년들이 아주 저렴하게 그 배에서 살아요. 그건 일종의 낭만이기도 한데요. 우리는 그럴 필요 없다는 거죠. 왜냐하면 거기는 둔치가 그렇게 발달 안 됐으니까 그렇게 배를 띄우고서라도 사는 거고 우리는 얼마든지 한강 둔치 그 넓은 땅에 충분히 지을 수가 있습니다. 필로티 구조로 한 3층 정도 띄우면 홍수 걱정 전혀 없고 안전에 문제없이 지을 수 있을 만큼 충분히 우리나라 건설 기술이 되거든요. 그럼 땅값도 안 들어, 왜 나라 땅이니까요. 저는 거기에 10만 호, 20만 호 얼마든지 지을 수 있다고도 생각을 하거든요. 지금 용산에도 어마어마한 땅이 나왔는데 거기에도 얼마든지 지을 수 있고, 그렇게 해서 공공 임대에 대한 확실한 보장만 해준다면 나머지 아파트들, 사치재나 사치품처럼 거래되는 그거는 그건 문제없다고 봅니다. 그래서 100억, 200억 아파트 나오더라도 우리가 그렇게 욕할 필요도 없다고 보고.

예전에는 우리가 그렇게 사회에서 돈을 많이 번 사람들에 대한 안 좋은 인식이 좀 있었죠. 저것들 제대로 세금이나 냈겠어, 이런 거 있었지만 지금은 그래도 투명성이 많이 좀 높아진 거는 맞으니까요. 적절하게 돈 번 사람들이 자신들의 부를 누리는 거에 대해서 너무 안 좋은 시선으로 볼 필요 없고 세금만 제대로 내고 있다면 50억, 100억짜리 아파트 얼마든지 생겨도 괜찮다고 생각하구요. 대신 서민과 청년층과 저소득층을 위한 공공 임대, 영구임대 이런 것들만 잘 일정 수준 이상 비율로 확보만 된다면 저는 그거는 큰 문제 아니라고 봅니다.

지승호   세금 제대로 내고 사는 사람이 명품을 사는 게 문제가 없듯이 집도 그럴 수 있다는 생각을 가질 필요가 있다는 거네요.

정영진   예. 200억짜리 아파트 사는 사람들끼리 50가구 모여서 사는데 그걸 뭐라고 하겠어요? 지들끼리 그렇게 모여 살고 싶다는 데 살라고 하세요.(웃음)

오너만 위한 경영이 코리아 디스카운트의 원인

지승호   한국 증시가 코리아 디스카운트가 있다고 하는데요. 그게 기업들이 저배당으로 자초한 면이 있는 건가요?

정영진   코리아 디스카운트는 여러 원인이 있죠. 예를 들면 여전히 외국에서 볼 때 우리나라가 남북한 대치 상황이잖아요. 우리한테는 아무것도 아닌 것 같지만 외국에서 볼 때는 또 시선이 좀 다

르긴 하니까요. 그런 것도 기본적으로 깎아 먹는 게 있고, 말씀하신 것처럼 우리는 기업들이 주주 그러니까 모든 주주를 위해서 일을 하지 않잖아요. 오로지 대주주 혹은 오너라고 불리는 사람들을 위해서만 기업이 일을 하는 경우가 많다 보니까.

예를 들어 회사가 100억을 벌어요. 100억을 벌었으면 당연히 그 돈을 원래 주식회사라고 하는 거는 그 기원부터 따져보면 예전에 네덜란드에서 저 동인도 이런 데로 배 한 번 띄워 보내는 데 돈 많이 드는데 혼자 그 배 띄웠다가 망하면 그냥 완전 파산해 버리니까 100명이 모여 갖고 이 배, 저 배 이렇게 다 투자를 좀 나눠서 해보자, 그래서 10대 중에 한 3~4대만 제대로 들어와도 그 들어온 걸로 향신료 팔아갖고 돈 다 메이크업할 수 있다, 그렇게 위험 분산하는 거고 여러 사람이 그 리스크를 같이 지는 형태였거든요. 그게 이제 주주인 거고 결국 주주라는 거는 그 회사에 투자를 해주고 대신 이익이 생겼을 때 그 이익을 나눠 갖는 게 기본인데요.

지금 우리 회사들은 불과 5퍼센트, 10퍼센트 혹은 20퍼센트 정도 갖고 있는 그 오너라고 불리는 사람들, 그 사람들의 최대 이익을 위해서 다른 주주들의 이익을 희생시키는 구조거든요. 그래서 최근에 불거지는 상법 개정도 그 이사들의 의무에 대해서 "회사의 이익을 위해 최선을 다한다"가 아니고 "주주와 회사를 위해서 최선을 다한다" 이렇게 바꾸자는 게 상법 개정의 핵심 중의 하나잖아요. 그러니까 지금은 이사들이, 그러니까 회사의 경영진들이 일반 주주를 위해서 일을 안 해도 전혀 상관없는 구조인 거예요.

그러니까 회사가 어떤 결정을 했을 때 대주주가 100억을 벌고 일반 주주들이 100억 손해를 보는 결정이 있고 또 어떤 결정을 했을 때는 대주주 50억 벌고 일반 주주도 50억 똑같이 버는 결정도 있을 수 있습니다. 근데 주식회사라면 당연히 대주주가 50억 벌었으면 일반 주주도 50억 버는, 돈은 좀 다르겠습니다만 여하튼 대주주와 일반 주주가 가진 주식 비례로 돈을 똑같이 받는 게 맞는 거거든요. 그게 배당이라는 형태인 거고, 근데 그 배당 안 하고 여러 이유로 회사 미래를 생각해야 한다, 담보 지금 잡아놓은 게 있다, 내년을 준비해야 한다, 하여튼 여러 이유로 배당은 잘 안 하고 오로지 최대 주주의 이익을 위해서 일을 하는데요. 갑자기 어떤 사업 부분이 잘 되면 이거 하나 떼 갖고 그 회장의 아들한테 이 회사 싸게 하나 주고 그 회사가 나중에 이만큼 돈 잘 벌면, 예를 들면 라면 회사가 그런 게 있어요. 라면 회사인데 이 라면 회사에 라면 봉지를 납품하는 회사를 만들어요. 망할 리가 없잖아요. 그리고 그 라면 봉지를 비싸게 사줘. 심지어 그러면 이 라면 봉지 납품하는 회사는 떼돈

벌 거 아니에요. 그러니까 라면 회사가 원래 가져가야 할 이익을 이 라면 봉지 회사한테 다 나눠주는 거죠.

근데 그런 일이 실제로 많이 벌어지거든요. 그렇게 해서 이 라면 봉지 만드는 회사를 엄청 키워 갖고 이익 많이 나는 회사를 만드는데, 그게 회장 아들이죠. 그 회사가 나중에 라면 회사를 먹어요. 왜냐면 돈이 많으니까 이런 말도 안 되는 일이 벌어집니다. 그렇게 아들한테 가업 승계를 해 주는 거죠. 이런 말도 안 되는 일들이 실제로 벌어지는 게 우리나라 기업들이거든요. 만약에 미국에서 이런 짓을 벌이면 이 아들 아버지는 200년 형 이렇게 받을 수도 있어요. 왜냐하면 수많은 주주들의 이익을 배신하고 배임하고 이 돈을 아들한테 몰아준 거기 때문에요. 우리는 그런 일들이 비일비재하거든요.

그러니 그 회사의 주식을 정상적인 가치 판단해서 사겠냐고, 못 사죠. 그러니까 외국 투자자들이 볼 때 심지어 지금 오너 회장의 나이가 몇 살인지도 투자할 때 고려 대상이에요. 왜냐하면 이 양반이 지금 돌아가실 때가 몇 년 안 남은 것 같이 힌 80세쯤 됐어, 그러면 언제 물려줄지에 따라서 주가를 막 누르거든요. 왜냐하면 주가가 많이 올라 있으면 아들한테 물려줄 때 세금 많이 낸다고 주가를 막 눌러요. 악재 막 발표하고 하면서 이익도 안 난 것처럼 합니다. 이게 도대체 정상적이냐구요? 그런 회사는 그냥 개인 회사로 있으면 상관없어요. 근데 그게 아니라 주식시장에 나갔다는 거는 모두에게 공개된, 모두가 주식 투자에 참여할 수 있도록 공개된 회사이기 때문에 절대 그러면 안 되거든요. 그런 여러 일들이 코리아 디스카운트의 원인이 되는 거죠.

지승호 선진국에서는 있을 수 없는 일이네요.

정영진 그 이익도 줄여 그다음에 뭐 좀 잘 된 회사 있으면 아들한테 물려줘서, 비상장 회사로 물려줘서 뭘 또 키운다든지 아니면 새로 하나 회사 만들어서 또 상장을 시켜요. 얼마 전에 있었던 수많은 상장 사례들이 그런데요. 내가 이 회사에 이 사업 분야가 너무 좋아서 이 사업 분야는 따로 독립된 회사가 아니니까 그냥 어쨌든 이 회사를 산 건데요. 이 회사가 배터리도 만들고 화학도 하고 이러는데 그래서 이제 이 회사를 샀더니 나중에 갑자기 배터리 부문, 돈 잘 버는 데를 독립시켜서 상장을 하네. 이런 일들이 비일비재하게 벌어져요. 예를 들면 구글이 유튜브로 얼마나 돈 잘 벌겠습니까? 유튜브를 갑자기 상장해. 그러면 가만히 안 있거든 미국 사람들은. 근데 우리가 보기엔 왜 유튜브만 상장해도 돈이 어마어마하게 될 텐데, 구글 주주들이 그렇게 놔두질 않거든요. 그런 게 우리 디스카운트의 대표적인 원인이죠.

지승호   그러면 그런 것을 규제할 수 있는 법을 만들어야 하는 거 아닌가요? 못 만드는 건가요? 아니면 안 만드는 건가요?

정영진   아니 이걸 모르지는 않을 거 아니에요. 그 똑똑한 분들이 안 만드는 거라고 봐야겠죠. 굳이 못 만든다고 한다면 경영계라고 하는 사람들의 거센 저항이 있긴 할 테니까요. 국회의원들이 그걸 한다고 해서 막 환호할 사람들이, 그 사람들한테 표를 많이 줄 사람들이 그렇게 많지도 않은 것 같아요. 그걸 잘 기억했다가 이런 사람들한테 표 줘야 하는데 당장 기업들한테 욕 먹어서 돈줄 떨어질 것 같고, 그렇다고 내가 이거 한다고 사람들이 막 기억해줘서 나중에 나를 다시 뽑아줄 것 같지도 않고, 그러니까 굳이 내가 이 고양이 목에 방울을 달려고 하지 않는 거죠.

실력자를 알아 보는 것도 능력

지승호   킹메이커라고 해서 김종인을 빗대 정종인이라는 별명이 있잖아요. 같이 일하시는 분들이 다 잘됐는데요. 그분들에게 어떻게 보면 김태호 피디나 이런 역할을 했다고 볼 수도 있을 것 같습니다.

정영진   원래 잘될 분들인데 그분들의 타이밍에 제가 모처럼 잘 옆에 있었던 것 같긴 하고요. 다만 그 잘될 분들을 잘 알아본 것 같기는 해요. 자랑하자면 그건 제 능력인 것 같긴 합니다.(웃음) 그렇게 잘될 분들, 그리고 실력 있는 분들을 잘 알아보는 거. 그거는 능력인 것 같긴 한데, 어쨌든 어떤 일을 한다는 거는 혼자 할 수 있는 일이 많지는 않잖아요. 몇 명이 모여서 얼마나 시너지를 내느냐가 사실은 굉장히 중요한 일일 텐데 적어도 그분들의 믿음에 크게 제가 반하는 행동을 많이 하지는 않았습니다. 그러니까 그분들과 오래 이렇게 같이 갈 수 있는 거겠죠.

지승호   그렇게 같이 뭔가를 하다 보면 싸울 수도 있고요. 그런데 오래 같이할 수 있는 비결은 어떤 건가요? 어느 정도의 인내심도 있어야 되잖아요. 잘 되면 싸우는 경우도 많고요.

정영진   맞아요. 정확합니다. 그러니까 잘 안 되면 싸우는 경우 별로 없어요. 잘 안 되면 서로 위로하고 끝나요. 근데 잘 되면 생각보다 정말 많은 분이 싸우거든요. 잘 된 경우에.

지승호　　내 지분이 크다 이렇게 생각할 수도 있고.

정영진　　잘 되면 내가 잘한 것 같고, 내가 이만큼 당연히 받아야 할 거고 이런 생각이 있을 수 있으니까요. 근데 운이 좋게도 저는 제가 그렇게 잘해서 잘 됐다는 생각을 일단 잘 안 하고요. 실제로 제 옆에 있는 사람들이 워낙 콘텐츠가 좋고 그다음에 저는 그걸 그냥 잘 알아봤고 그 적절한 타이밍에 제가 옆에 있었고요. 그리고 저는 그건 잘 안 해요. 예를 들면 김 프로, 이 프로 혹은 정박 님 혹은 최욱 누구와 방송을 하더라도 그분들과 개인적으로 따로 밥 먹고 술 먹고 그런 거 잘 안 해요. 원래 제가 술을 잘 못 먹기도 하지만 그런 걸 별로 제가 안 좋아해요.

지승호　　오히려 그런 식의 좋은 게 좋은 거야 이런 게 아니고 확실하게 어떤 서로의 역할에 대한 합의가 돼 있다는 거네요.

정영진　　그리고 저는 그분들에 대한 깊은 수준의 신뢰는 있어요. 모두라고 못해도 대부분은 그래요. 욱이라는 친구도 굉장히 현명한 친구고 그래서 이 친구가 적어도 어느 자리에서도 저를 디스하거나 씹을 일은 없다는 믿음이 있어요. 설령 그런 얘기가 어디서 나한테 들어오더라도 나는 그걸 욱이한테 물어보지도 않을 거야, 확인하지도 않을 거예요. 왜냐하면 걔가 한 말이 아닐 거니까. 누군가가 와전 혹은 오해해서 나한테 들려준 걸 테니까,

저는 그 정도의 믿음은 있어요.

특히나 제가 왜 술, 밥 잘 안 먹는다고 했냐면 막 밥 먹으면서 술 먹으면서 "으으 우리 한번 해보자" 이런 경우에 나중에 문제 생기는 경우가 좀 더 많더라고요. "인간적으로 대했는데, 야 네가 나한테 어떻게 이럴 수 있어?" 이런 거 시작하면 피곤한 경우가 많아서요. 그걸 제가 다 예상을 하고 안 하는 건 아니지만 여튼 그런 제 기본적인 성향이 좀 있다 보니까요. 욱이랑도 그냥 평소에도 연락도 잘 안 하고 이러다가 그냥 녹화할 때 되면 이 친구가 뭔 얘기하는지 그 눈빛만 봐도 알겠고 무슨 생각 하는지도 충분히 알 것 같아요. 그리고 그 친구도 워낙 눈치도 빠르고 잘해서 제가 생각하는 거 다 알 거예요. 깊은 수준의 신뢰가 둘 사이에 있다고 저는 생각하고 정박 님도 역시 마찬가지예요.

저랑 정박 님은 지금 한 8~9년 정도 했을 텐데 약간 커지면서 이제 금전적으로 약간 좀 갈등이나 오해가 생길 수도 있잖아요. 그게 제일 예민한 부분이기도 하니까. 근데 거의 한 번도 생기지 않았거든요. 그런 문제들이 생기지 않도록 가능한 한 제가 크게 욕심내지는 않고 있습니다. 그런 거에 대해서 서운하게 제가 행동하지 않았던 것 같아요. 그래서 아마 오해받을 짓 하지 않고 그래서 꽤 오랜 기간 그렇게 같이 갈 수 있지 않나 하는 생각을 합니다.

지승호   서로의 그런 마음들이 있었기 때문에 오래 갈 수 있었던 것 같습니다. 근데 사람에 대한 존중은 해도 누군가를 막 좋아하고 이런 거는 그렇게 크지 않으신 것 같은데요. 혹시 정치인이나 아니면 다른 분 중에 좋아하는 분 있으신가요?

정영진   정치인들은 저는 도구적으로 봐야 한다고 생각을 해서요. 제 이익과 혹은 제가 생각하는 방향과 비슷하게 간다, 혹은 제 이익과 부합하는 사람이라면 저는 그 사람을 지지할 거고요. 그렇다고 해서 좋아하거나 싫어하지는 않을 거예요. 물론 그럼에도 불구하고 호불호가 있긴 있겠죠. 조금씩 생기긴 하는데 그렇다고 그게 막 강하게 오는 사람은 아닌 것 같구요. 누구든 하여튼 저의 이익에 복무하는 그 정치인을 도구적으로 저는 좋아할 거고요.

사람을 크게 믿거나 막 좋아하거나 정말 나의 멘토다 이런 사람이 저는 별로 없어요. 어떤 말을 아주 세련되게 멋있게 하는 사람들의 경우 '대단하다' 이런 생각을 하긴 하는데 그 사람이 하는 모든 걸 따라 하거나 이러고 싶지도 않고 그래 본 적도 별로 없고 그래서 연예인도 그렇게 썩 좋아하지도 않고 대단하다고 생각하는 사람이 없는데요.

저는 최욱 같은 경우는 정말 대단하다고 생각합니다. 이 프로, 김 프로 역시 제가 오래 봐왔지만 참 대단하다 생각은 하지만 그렇다고 막 그 사람과 늘 함께하고 싶고 그런 감정이 없어서요. 약간 제가 좀 비인간적인가요?(웃음)

더 할 수 있는 게 없다고 여겨 〈매불쇼〉 하차

지승호 〈매불쇼〉에서 하차한 이유는 뭔가요?

정영진 어떤 일을 결정하는 데 딱 하나의 이유로 결정하는 경우는 사실 많지 않습니다. 물론 가장 큰 이유가 있긴 할 텐데요.

지승호 워낙 이제 그걸 오래 하셨고 또 그걸 잘 만들어 오셨기 때문에 쉽지 않은 결정이었을 것 같습니다.

정영진 쉽지는 않았죠. 그리고 저한테는 제가 들인 노력 대비, 그러니까 그전에 들인 노력 말고 제가 그 당시에 들인 노력 대비로는 경제적으로도 나쁘지 않은 보상이 있었기 때문에요. 그리고 워낙 오래 하기도 해서 저도 당연히 애정이 많이 있는 프로고 또 욱이랑 하는 게 되게 재밌어요. 2시간 내내 제가 그렇게 웃을 수 있는 경우는 거의 없거든요. 어떤 방송을 해도. 근데 욱이라는 친구가 정말 너무너무 재밌는 친구라 가서 스트레스 풀고 온다고 생각해도 과하지 않을 정도입니다.

지승호 〈웃다가〉를 다시 같이하시니까요.

정영진 너무 재밌는 친구인데 제가 한 10년 정도 가까이하면서 제가 더 할 수 있는 게 별로 없다는 생각은 했었어요. 왜냐하면 제가 할 때 끝에쯤 보시면 대충 감 잡으실 수도 있겠지만 말이 점점 없어지거든요. 여러 이유가 있을 텐데 시대가 시대인 만큼 자꾸 좀 무거워질 수밖에 없는 상황이 좀 있기도 했고요. 그리고 저는 그 〈매불쇼〉에 시청자분들이 원하는 방향이 있는데 제가 그 방향과 꼭 일치하지는 않을 수 있다는 생각을 좀 했거든요. 그런데 그러면 아무리 내가 욱이랑 같이 만든 거긴 하지만 그렇다고 욱이랑 나 혹은 내 생각만 갖고 그걸 방향을 바꾸자거나 그럴 수는 없는 거잖아요. 또 거기에 딸린 수많은 제작진부터 워낙 이제 커졌으니까요. 물론 건강 문제로 조금 힘들기도 했고요. 워낙 지치기도 했고 그래서 어쩌면 차라리 내가 지금 여기에 그냥 계속해서 내가 10년 동안 해왔다는 이유로 앉아 있으면서 이 〈매불쇼〉의 더 큰 성장을 막느니 내가 빠지는 게 더 맞을 수 있다는 생각을 그때 했던 거죠.

그래서 누구는 정권이 무서워서 그만뒀다고 하는데, 그건 아닌 것 같아요. 그럴 필요도 없고. 별 얘기가 많긴 했는데, 욱이랑 싸웠다는 등의 얘기도 있었지만 욱이랑 정말 싸울 이유도 없고 그 친구도 싸울 친구도 아니고요. 그래서 제가 그냥 좋게 얘기하면 더 큰 성장을 위해서라고 좋게 포장하자면 그런 거고 제가 오래 하기도 했고 제가 더 보여드릴 게 없기도 했고요. 그리고 욱이가 어쩌면 조금 힘들 수도 있겠다는 생각을 하면서 좀 미안하긴 했는데요. 한 10년 같이한 사람이 옆에 앉아 있는 거랑 별로 역할은 없더라도 앉아 있는 거랑 또 없는 거는 조금 다를 수 있으니까요.

지승호 두 분이 티키타카 하는 것이 재미있었죠.

정영진 욱이라면 충분히 혼자서 잘 해낼 수 있을 거라고 생각을 했고 그래서 그냥 제가 이쯤 돼서는 내려오는 게 더 낫겠다는 생각을 했습니다. 실제로 저 나오고 2배 이상 잘 됐어요. 그래서 제 생각이 맞은 것 같다는 생각도 하고 또 팬들이 원하는 방향이 또 그 방향이었다고 생각을 하고, 더 시원시원하게 얘기해 주고 하는 것들이 맞는 것 같아요. 저는 옆에서 딴지도 잘 걸고 하니까요. 그래서 잘 선택한 것 같아요. 아쉽긴 하지만.

지승호 퇴직금이라도 받으셨나요?(웃음)

정영진 왜 그런 얘기 있잖아요. 애 다섯 살까지 키운 걸로 효도 다한 거라고. 그런 말처럼 정말 욱이랑 하면서 웃은 것만 해도 전혀 아쉬울 것도 없고요.

지승호 그게 가장 컸다, 그게 모든 거네요.

정영진 처음에 우리 광고 20만 원 받고 서로 10만 원씩 나누고 이랬었는데 나중에 한 2~3년 정도는 나쁘지 않은 대우를 받았어요. 그래서 그건 불만도 전혀 없고 오히려 저는 약간 좀 미안했죠. 우리가 하는 게 예를 들면 100이라고 치면 그중에 난 한 20~30 정도일 텐데 욱이랑 같이 50 대 50 이렇게 받았으니까 출연료 같은 거는 오히려 내가 좀 미안한 일이죠. 그래서 저는 전혀 그런 불만 없습니다.

나중에 도서관 만드는 게 꿈

지승호 앞으로 계획 같은 것이 있나요?

정영진 조금 멀리 보자면 나중에 도서관 만드는 거 그거 하나 계획이 있고요. 그다음에 그냥 혼자서 편하게 하는 채널 하나 갖는 거, 그런 게 하나 있고 그다음에 이렇게 제가 워낙 요즘 바빠서 그런지 몰라도 그냥 여기저기 좀 다니고 싶은 생각도 좀 있어요.

지승호   여행 좋아하시나요?

정영진   원래 좋아했는데 하도 안 가다 보니까, 이제 피로도 잘 느끼긴 하지만 그래도 제가 자꾸 저를 낯선 데 들이미는 거를 좋아했거든요. 나이 들어서 조금 덜 좋아할지 모르겠지만 그래도 안 가본 데 내가 좀 낯선 데, 내가 뭘 편하게 못 하는 곳, 이런 데 좀 자주 가보고 싶어요. 말도 잘 안 통하고 이런 곳. 어차피 외국어도 잘 못하지만 그런 데 좀 많이 가고 싶고 그다음에 작은 화실이든 작업실이든 이런 거 하나 갖고 거기서 그림을 그리고 싶습니다.

지승호   그림도 좋아하시나 봐요. 미술에 관련된 유튜브도 하고 싶다고 하셨잖아요.

정영진   전혀 감각도 없고 소질도 없는데 그냥 좋아합니다.(웃음) 그냥 이렇게 그림을 제가 오면서 막 그려봤는데 꽤 재밌어요. 저는 되게 못 그리거든요. 못 그리는데도 이렇게 막 그리다 보면 그냥 붓질하고 이렇게 막 색칠하는 것 자체가 재미있어요. 그래서 나중에 좀 더 그림처럼 그릴 수 있으면 더 좋겠죠. 그래서 좀 탁 트인 곳에서 작업실 하나 만들어 놓고 그냥 이렇게 그림 그리고 싶은 것도 있고요. 그 정도가 지금 하고 싶은 거예요. 큰 목표라기보다는 하고 싶은 거.

3부

세상과 다른 이야기를 하는
사람도 필요하다

새벽 4시 반에 일어나서 책을 읽었던 아이

지승호   어릴 때 기억해 보면 어떤 학생이었나요? 특별하게 기억에 남는 장면이 있나요?

정영진   초등학교 때는 이사를 많이 했어요. 그전부터 이사를 많이 했는데, 초등학교 때 제가 전학을 한 세 번 정도 했는데요.

지승호   저희 어릴 때는 이사들을 많이 했죠.

정영진   그래서 그런지 굉장히 샤이했고요. 초등학교 3학년 때까지는 친구도 없었고, 지금도 비슷하지만 맨날 형이랑 누나만 따라다니고 그러다가 친구가 어쩌다 집에 놀러 오면 너무 좋아하는 그런 부끄러움 많은 애였는데요. 3학년 때인가 친구를 한 명

사귀었는데, 그 친구가 굉장히 활동적이고 외향적인 친구라 그 친구 따라다니면서 좀 많이 바뀌었습니다. 3학년, 4학년, 5학년 때는 점점 애들이랑 잘 노는 그런 친구가 됐습니다.

지승호   지금도 두 가지 면을 다 갖고 계시잖아요.

정영진   그런 것 같아요. 3~4학년 때부터 책을 좋아했던 것 같아요. 옛날엔 다 그랬지만 하여튼 집안이 넉넉치 못해서 책을 살 돈은 없는데, 그래도 부모님께선 책을 좀 읽게 해 주고 싶으셨나 봐요. 그때는 삼성출판사, 계몽사 등 책 외판원분들이 계셨는데요.

지승호   세계문학전집 같은 것들을 월부로 팔곤 했죠.

정영진   그런 거를 사지는 못하고, 두어 달씩 빌려주는 게 있어요. 책 한 질에 30권짜리, 50권짜리를 한 번 빌려주고 그다음에 다시 가져가는 거, 회수 그런 거죠. 그래서 그거를 엄마가 좀 해 주셔서, 그때 책을 정말 많이 읽은 것 같아요. 권 수로 따지면 그때 읽은 책이 거의 제 인생의 독서량 중 한 절반 정도 되지 않나 싶을 정도로 3, 4, 5, 6학년 이때 진짜 책을 많이 봤어요. 책을 되게 좋아했고, 그때는 지금 생각해도 좀 이해는 안 되는데요. 누가 깨우지도 않았는데, 새벽 4시 반, 5시 이렇게 일어나 학교 가기 전에 책을 읽고 갔어요.

지승호 그러기가 쉽지 않은데요. 조금이라도 더 자고 싶을 나이잖아요.

정영진 그러니까 왜 그랬는지는 모르겠는데, 하여튼 그랬습니다.(웃음)

지승호 책 읽는 게 그렇게 재미있었다는 얘기네요.

정영진 책 읽는 거 엄청 좋아하기도 했지만 빨리 읽지 않으면 다음 달에 아저씨가 다 가져가니까요. 그때 읽었던 책들이 참 많았던 것 같아요. 아주 어려운 책은 아니었어도 어쨌든 세계문학전집 이런 것도 좀 많이 봤으니까요.

지승호 지금 이렇게 박학다식하신 게 그때의 어떤 영향이겠네요.

정영진 그때 기억이 많이 남아 있지는 않지만 하여튼 자연스럽게 녹아 있는 것 같긴 하구요. 그렇게 해서 한 4, 5학년 때 책 좋아하고 그렇게 성격도 약간 외향적으로 바뀌면서 까불까불했었죠. 중1 때 정도에는 많이 까불었던 것 같아요. 장난도 엄청 많이 치고.

친구한테 맞고 생긴 폭력에 대한 트라우마

지승호 사춘기가 왔나 보네요.(웃음)

정영진   중학교 1학년 때 저는 키가 작았거든요. 반에서 거의 두세 번째로 작았는데 저보다 키가 한참 큰 친구한테 엄청 두드려 맞은 일이 있어요. 정말 얼굴이 한 3배가 될 정도였으니 거의 밟혔죠. 그때부터 폭력에 대한 두려움이 생겨 겁이 좀 많아졌어요. 그때부터 싸움 이런 거랑 아주 멀어졌습니다. 중 1, 2 때는 1980년대 말에서 1990년대 넘어가는 시기니까 학폭이 진짜 심했잖아요. 지금의 수준과는 차원이 다른 레벨의 폭력이 난무하던 야만의 시절 아닙니까?

지승호   의자가 날아다니고.

정영진   그렇죠. 그리고 이 얘기를 하면 안 믿는 분들이 많은데, 아마 작가님은 아실 것 같은데 그 자전거 체인 같은 거 가지고 다니는 애들이 있었잖아요.

지승호   그런 애들이 있었죠.

정영진   자전거 훔치는 애들도 많았고, 잭나이프라고 칼을 친구들한테 자랑하고, 너클이라고 하나요? 하여튼 별별 무기들, 쌍절곤 갖고 다니는 애도 많았고, 그런 무시무시한 애들이 주위에 있었죠. 또 제가 살던 동네가 대전에서도 좀 넉넉치 못한 사람들이 많이 모여 사는 동네였는데, 그러다 보니까 더 심했습니다. 거기서 애들하고 아주 문제가 많지는 않았는데, 하여튼 약간 소심한 친구였죠.

지승호 아무래도 그 덩치 큰 애한테 맞았던 기억이.

정영진 트라우마가 좀 있었죠.

지승호 키는 언제 큰 건가요?

정영진 중3 때부터 점점 크기 시작해서, 그러니까 제가 중 1 때 키 순서대로 해서 7번이었는데요. 2학년 때 17번인가 그러다가 3학년 때 한 20 몇 번까지 올라갔어요. 그러니까 중간까지 온 거죠. 그러다 고 1 올라가면서부터 정말 키가 많이 커서, 고1, 2 때 한 해에 한 10센티미터씩은 컸으니까요. 군대 가기 전까지 컸으니까 되게 늦게까지 컸어요. 키도 좀 크고 그러면서 막 어디 가서 맞고 다니진 않았는데, 중학교 때까지만 해도 키도 작고 약간 소심한 게 많은 그런 성격이었다가 고등학교 올라가면서부터는 반장 같은 것도 좀 하려 하고, 남들 앞에 서는 것을 피하지 않는 성향이 좀 나왔던 것 같아요. 그때부터 성격이 좀 바뀐 거 아닌가 하는 생각이 들긴 합니다.

근데 중요한 건 아니지만, 불특정 다수나 여러 사람 앞에 서는 거는 조금 하는데, 예를 들면 4명, 6명 이런 작은 소모임에서는 말을 여전히 잘 못 해요. 그러니까 아는 사람들 하고 있는 자리에서는 오히려 말을 못 하고, 차라리 카메라 아니면 무슨 무대 이러면 좀 나은데, 왜 그런지 저도 잘 모르겠어요. 그런 약간 이중적인 면이 좀 있습니다.

그리고 아르바이트를 많이 했죠. 어릴 때 다 해야 되잖아요. 기본으로 신문 배달을 했구요. 어릴 때는 집 앞에 가내 수공업 공장들이 많았어요. 내복 공장이 하나 있었는데, 봄 여름에는 팬티랑 메리야스를 만들었는데요. 공장에서 작업하고 나면 실밥이 남잖아요. 그 실밥을 우리가, 우리 집에서 다 제거를 하는 거예요. 쪽가위 같은 걸로. 옛날에 인형 눈 붙이듯이 그런 거 많이 하고. 그래서 보통 옷 하나 이렇게 팔 두 군데 목 그다음에 허리 부분 이런 데 하나 떼면 30원, 40원 이 정도 했던 것 같아요. 그다음에 삼겹살집 가면 상추 주는 바구니 있잖아요. 왕골 같은 걸로 돼 있는 거, 요즘은 왕골이 아니라 안에 철사에, 합성수지 이런 걸로 된 건데, 그런 바구니 만드는 걸 집에서 하루에 100개씩 만들면, 그것도 하나 만들면 한 50원 정도 했던 것 같고요. 그다음에 TV 채널 2번부터 찌리릭 돌리잖아요. 너무 TMI죠.(웃음) 그 동그란 거에 나사를 11개인가를 박는 거예요. 그거 박는 거 한 10원 이렇게 해서는 얼마 못 벌었을 거잖아요. 지금은 제가 돈을 못 벌지는 않을 거 아니에요,

웬만큼 이상은 버는데도.

지승호   절약하는 게 습관이 된 건가요?

정영진   그러니까 절약이라기보다도 제대로 합리적 소비를 못 하는 것 같아요. 예를 들어 제가 비싼 밥도 먹거든요. 비싼 밥을 그 정도 먹을 정도면 사실 옷도 좀 적당히 사고 이래야 될 텐데요. 옷은 테무에서 바지 하나에 8천 원짜리 이런 거 사면서 이렇게 소비에 일관성도 없고, 쓸데없는 거 아끼고 엉뚱한 것에 과소비도 하고 이런 게 좀 있습니다.

지승호   엉뚱한 건 어떤 거예요?

정영진   뭐 먹는 거에 돈을 좀 많이 쓴다든지.

지승호   새로운 거 먹어 봐야 된다는 주의인가요?(웃음)

정영진   그런 거나, 아니면 어디 여행 가는데 비행기 좌석을 비싼 걸 끊는다든지 이런 짓들을 한단 말이죠. 그러니까 안 써봐서 그런 것 같아요. 잘 못 써 봐서 정확히 이게 어느 정도 소비를 해야 되는지에 대한 개념이 별로 없는 것 같아요. 그리고 제가 예전에 연탄불 줄이는 연탄불 구멍 막는 걸 되게 좋아했거든요. 연탄을 구들에 넣으면 공기구멍이 있지 않습니까? 다섯 칸이 이렇게 딱 있으면 밤에 그거를 한 세 칸 해놓고 자면 방 전체가 따뜻하죠. 근데 저는 맨날 나한테 돈 달라는 것도 아닌데, 그걸 한 칸 내지는 반 칸으로 막아놓고 자요. 그럼 연탄은 오래 가는데 대신 방이 좀 미지근하고, 그러다가 연탄불이 꺼지는 때가 가끔 있거든요. 공기가 너무 막히면. 그래서 다 돌아가실 뻔한 적도 있었어요. 연탄가스가 올라와서.

지승호 옛날에는 연탄가스 사고로 돌아가시는 분들이 많았죠.

정영진 그래서 지금도 전깃불 어디 쓸데없이 켜져 있는 걸 두고 못 보고 습관적으로 끄려고 그러고. 이런 문제가 있습니다.(웃음)

아르바이트를 통해 배운 사회생활

지승호 부모님이 강요한 것도 아닌데 스스로.

정영진 네. 전혀 아니에요. 물론 집이 좀 넉넉치 못한 건 알았지만, 제가 막내인데 이상하게 맨날 연탄불 줄이러 다니고 불 끄러 다니고 이랬거든요. 그렇게 하다가 고등학교 때부터는 본격적인 알바를 좀 많이 했어요. 분식집, 커피숍 등 보통 사람들 많이 하는 거 있잖아요. 그런 거 많이 하고, 당구장에서 일하다가 나중에 오래 한 건 아닌데 자동차 광택제 같은 걸 팔았습니다. 대전에 있는 되게 넓은 공영주차장 같은 데가 있는데, 거기는 차가 들어오면 딱 따라가서 말도 안 하고 일단 닦습니다.(웃음) 그렇게 광택제를 바르면 어떤 아저씨들은 꺼지라고 하기도 하고……. 그때는 자가용 있는 집은 좀 사는 집이잖아요. 근데 어머니들이 운전하시면 한 열여덟, 열일곱 이런 애가 와서 더운 날 막 이렇게 닦고 있으니까 좀 안 돼 보였는지 광택제 사주시고 그랬어요. 그런 알바도 하고 전단지도 돌리고 이런 거 많이 했죠. 그런 거 한 게 나쁘지 않은 것 같아요. 나중에 좀 지나고 보면.

지승호   사회 생활을 많이 배우셨을 것 같네요.

정영진   그리고 이렇게 몸 써서 일하는 거를 좀 해보는 게, 우리 애들이 그렇게 좀 자랐으면 좋겠다는 생각을 합니다. 물론 머리 써서 일하는 것도 좋은데, 몸을 써서 일하는 것을 좀 배웠으면 좋겠다는 생각을 하죠. 몸을 써서 일하면, 몸이 기억하는 어떤 것이 좀 있는 것 같아요.

지승호   근데 요즘 아이들은 몸을 써서 할 만한 게 별로 없잖아요. 놀이터 가도 애들이 없으니까 같이 놀지도 못하고.

정영진   맞아요.

지승호   아이들이 몸을 써서 할 수 있는 활동은 어떤 것이 있을까요?

정영진   노는 거든 뭘 배우거나 익히는 거든 아니면 일을 하는 거든 다 몸을 좀 썼으면 좋겠거든요.

지승호   그렇죠. 아무래도 건강해지려면.

정영진   건강도 그렇고 몸을 써서 배우는 거랑 그냥 책이나 인터넷이나 영상으로 배우는 거는 차원이 다른 것 같아요. 몸에 익은 거는 시간이 꽤 지나도 머리로 기억은 못 해도 몸이 좀 기억을 하잖아요. 그래서 우리 현대인들이 몸을 안 쓰는 거 같은데요. 저도 안 쓰는 사람 중에 하나겠습니다만, 그래도 몸을 써서 일을 하면 예를 들어서 제가 장난감을 고친다든지 아니면 집 안에 배관이든 전기든 이런 거에 문제가 있어서 고칠 때가 생기더라도 아무리 유튜브 보고 이렇게 하려고 그래도 안 되는 게 있는데요. 제가 몸으로 해본 거는 바로 같은 상황이면 무조건 잘하고, 설령 조금 다른 경우라 하더라도 이게 응용이 좀 되는 것 같아요. 왜냐하면 그냥 이론으로만 배우면 정확하게 그 상황이나 그 조건이 딱 되면 할 수 있지만, 조건이 좀 달라지면 적용을 못 하는 것 같거든요. 머리로 배우고 그냥 영상으로만 알면. 근데 몸으로 경험을 해보면 나사를 어느 만큼 돌렸을 때 물이 이만큼 새니까 테이프를 이쯤에서 감아야 된다, 이 감이 있단 말이죠. 그래서 설령 조건이 바뀌거나 좀 다른 문제가 터지더라도 몸으로 익힌 사람들은 그걸 바로바로 해결해 나갈 수가 있는데 그냥 이론으로 배우고 머리로만 아는 애들은 그걸 못하는 것 같아요. 근데 그거는 다른 모든 일에도 거의 비슷하게 적용이 되는 것 같습니다.

지승호　연애를 책으로 배운 사람들이 있잖아요.(웃음)

정영진　머리로는 엄청 잘하는데 연애할 때도 상대가 딱 그 매뉴얼대로 움직여주지 않으니까요. 바뀌는 상황마다 대처하는 거는 역시 여러 번 까여보고 또 대차게 당해보고 이런 친구들이 그래도 훨씬 더 좋은 것 같아요.

지승호　본능적으로 피드백이 와야 하는데, 책으로 익힌 건 꺼내는 데 시간도 길리고.(웃음)

정영진　그렇죠.

대학입시 제도가 수능으로 바뀐 것이 천행

지승호   근데 아무래도 학업에 전념할 수 있는 환경은 아니었겠네요.

정영진   이게 학교마다 지역마다 혹은 소득 수준마다 좀 차이가 있을 것 같긴 한데요. 저희 때는 그렇게 막 학업에 매달리지 않았던 것 같아요. 특히나 우리 학교나 우리 동네는. 제가 공부를 잘하는 편도 아니었고, 그래서 적당히 했고, 약간 평계 대자면 저희 고등학교가 저 들어가기 몇 년 전까지만 해도 이른바 후기 고등학교였어요. 후기라고 하면 전기 인문계에서 떨어진 애들이 가는, 특히나 학교별로 좀 다르지만 하여튼 후기 중에서도 좀 안 좋은 학교였어요. 그래서 문제 학생들이 굉장히 많았던 학교였는데, 저 들어가기 몇 년 전부터 평준화가 되면서 그냥 다 뺑뺑이로 들어간 거예요. 근데 학생들은 평준화됐는데, 선생님들은 이전 선생님들이 그대로 있는 거잖아요. 옛날 선생님들 많이 그렇지만, 굉장히 폭력적인 사람들이 많았어요.

지승호   저도 상문고를 나왔는데, 좀 비슷한 상황이었어요.

정영진   그래서 진짜 이렇게까지 때릴 일인가 싶은 경우가 되게 많았거든요. 그 체벌이라는 것도 몽둥이로 10대, 20대 이렇게 때리는 게 아니고 좀 심한 선생님들은 100대, 200대 막 이렇게 때려요. 그럼 애들 허벅지 이런 데 피멍 들고 이러잖아요.

지승호   바로 까매지죠.

정영진   때리다가 봉걸레 자루 6개씩 부러지고 그랬어요. 우리 선생님들 중에 좀 무서운 양반이 몇 명 있었는데요. 끝에 쪽 교실 선생님이었는데 그 중간 복도 쪽에 막 셔터를 내리고 애들을 막 패는데 비명소리가 셔터 밖으로 새 나오고 이러면 진짜 무섭거든요. 하여튼 그런 학교였는데, 역시 핑계입니다만 저희 때 처음 대학입시가 수능으로 바뀌었어요. 그러니까 학력고사에서 94학년도 대학교 입학하는 친구들부터 수능으로 바뀐 건데요. 저는 수능으로 바뀐 것을 되게 감사히 생각하는 사람 중 하난데 수능으로 바뀌는 거에 대한 선생님들의 준비가 전혀 안 돼 있는 거예요. 저는 학원 같은 데는 거의 못 다녔고, 예를 들면 4지선다에서 5지선다로 바뀌는데, 그러니까 보기가 4개에서 5개로 늘어났잖아요. 근데 선생님들이 그 하나 추가된 보기를 못 만드는 거예요. 왜냐하면 그 선생님은 항상 교사용 참고서에서 문제를 똑같이 냈거든요. 그래서 그 교사용 참고서에 나온 보기를 그대로 똑같이 냈는데, 그거는 수능 전에 나온 거기 때문에 그 보기가 5개가 아니었던 거예요. 그래서 자기가 하나를 만들어내야 돼, 근데 그걸 못 만들어내요. 그래서 어떻게 하냐면 거짓말 같겠지만 1번부터 25번까지 한 문제당 4점씩이니 100점짜리 예를 들면 국어 과목입니다. 1 2 3 4 그대로 참고서대로 내죠. 5번은 보기가 항상 '모두 틀리다' 그러니까 '1 2 3 4 모두 틀리다', 다음 문제에서는 '1 2 3 4 모두 맞다' 다음 문제는 '1 2번 맞다' 다음 문제는 '3 4번 맞다', 이런 식으로 보기를 써요. 아무 고민조차 하기 싫은 분이었던 거예요.(웃음) 그러니 가르치는 것도 그런 식이었겠죠. 그런 선생님들이 좀 계셨어요. 물론 아닌 분들도 계셨지만요. 그래서 학교 수업에 제가 흥미를 잃었어요. 심지어 어떤 날은 중간고사 같은 거 사흘을 보면 사흘 중에 이틀은 보고 하루는 그냥 안 보고 막 이런 날도 있었어요. 너무 재미가 없고 그래서,

PD 꿈꾸며 충남대 신방과 입학

지승호 성적에 관심이 없었네요.

정영진 그래서 심지어 우리가 한 반에 한 60명쯤 됐는데, 2학년 때인가 1학년 때인가 그랬을 것 같은데요. 60번하고 59번이 대체

로 운동부였거든요. 태권도부가 있었는데 개네들이 성적 맨 밑에 있어요. 왜냐하면 다 찍고 나오니까, 그 친구들은. 그런데 제가 한 57등인가 56등 한 적이 있어요. 정말 완전 바닥까지 갔죠. 그러다가 수능으로 바뀌면서 약간 흥미가 생겼어요. 학교 중간고사, 기말고사는 제가 너무 싫어했는데, 수능은 문제가 좀 재미있더라고요. 그래서 모의고사는 제가 좀 봤죠. 처음 수능은 미국에서 문제를 약간 베껴 가지고 오잖아요. 시스템을. 그러니까 정말 생각하는 문제, 막 외우고 이런 거 별로 없고, 응용하는 문제 이런 게 좀 많았던 것 같아요. 약간 좀 재미있어서, 수능은 학교 시험보다는 조금 잘 봤던 것 같습니다. 보통 보면 제가 학교 중간고사, 기말고사를 반에서 40등, 30 몇 등 이렇게 하는데 그래도 수능 모의고사, 전국적으로 보는 거 이런 거는 반에서 한 5등, 10등 막 이랬던 것 같아요. 그래서 이걸로 잘하면 대학은 가겠다 이렇게 해서, 수능은 나름 좀 잘 봐서 충남대 신방과를 갔죠.

지승호   거기는 어떤 목표로 간 건가요? 신문 방송 업계 쪽에 관심이 있었던 거예요?

정영진   뒤돌아서 생각해 보니 제가 그게 적성에 맞고 그런 건 아니었고요. 그때 〈우리들의 천국〉이라는 드라마가 있었어요. 장동

건, 홍학표 이런 분들 나왔던 청춘 드라마인데, 그 배경이 대학교 신방과였어요. 그리고 그때가 1980년대 후반, 1990년대 초 이렇게 되니까 미디어가 막 폭발하던 시기일 거 아니에요. 매스미디어에 대한 관심도 높아지고, PD 이런 거에 대한 선호도가 되게 높을 때였어요. 그때 방송국 PD 권력도 굉장히 컸을 때니까 방송 PD 같은 걸 하면 내가 아이디어 내고 뭐 만들고 디렉팅하고 이런 게 재밌을 것 같은 생각이 들어서 신방과를 갔죠. 특별히 깊은 생각을 한 건 아니고, 그때 세 군데인가를 봤을 거예요. 동국대, 충남대 그다음에 연대 이렇게 봤는데, 연대는 떨어졌고 그다음에 동국대는 붙었고, 충남대 붙었고요. 형, 누나가 대학을 안 갔었으니까 저한테 조언을 해 줄 만한 사람도 없었고, 재수하거나 이럴 형편은 전혀 아니었고, 어쨌든 국립대라는 게 저한테 굉장히 메리트가 있었죠. 왜냐하면 학비가 싸잖아요. 제 기억에 대충 사립대가 한 150만 원, 그리고 우리 충남대가 한 50만~60만 원이었던 정도였던 것 같아요. 그래서 충남대로 갔고, 대학 생활을 아주 재밌게 했죠.

지승호   특별히 기억에 남는 게 있나요?

정영진   제가 남중, 남고를 나왔잖아요. 여자 만날 일이 별로 없었는데, 호기심은 많고, 대학교 가서 그게 좀 폭발한 것 같아요.(웃음)

쉬지 않고 뭔가를 했던 것 같아요. 연애 생활을 많이 하고, 심지어 과 내에서는 안 사귀거나 사귀더라도 한 명 정도 사귀었어야 하는데 2명, 3명 이렇게 되니까 약간 문제가 됐죠. 연애를 굉장히 많이 했어요. 그게 너무 설레고 좋잖아요.

연애를 진짜 많이 해야 한다고 저는 생각하는데 그러니까 여러 사람을 만날 필요는 없지만, 하여튼 연애의 감정을 많이 좀 느꼈으면 좋겠다는 생각이 듭니다. 근데 요즘 그런 것도 많이들 안 한다면서요. 젊은 분들이. 늙은이의 걱정이긴 하지만 하여튼 걱정은 좀 많이 됩니다. 왜냐하면 그러지 않고는 되게 왜곡되기도 쉽고, 욕구랑 욕망이라는 거는 10년, 20년, 30년 단위로 인간이 늘어나거나 줄어들거나 이러진 않을 거 아니에요. 그럼 10만 년, 20만 년, 100만 년 단위로 우리는 진화를 했을 텐데요. 몸은 그대로일 텐데 사회 조건이 좀 안 된다고 해서 그게 갑자기 줄어들거나 이러지는 않을 테니까, 물론 잘들 적응은 하실 거라 생각하지만 그래도 공격성이 매우 높아진다거나 아니면 좀 정상적인 문제 해결 프로세스를 거치지 못할 가능성이 매우 크다고 생각하거든요. 커뮤니케이션 하는 데 있어서도 감정에 관한 커뮤니케이션도 굉장히 중요할 수 있잖아요. 근데 그거는 남자와 남자 혹은 동성들끼리는 좀 어려운 부분이 좀 있는 것 같고, 아니 어려운 부분이라기보다는 하여튼 남녀 혹은 이성 간의 커뮤니케이션의 또 다른 온도가 분명히 있는 거니까 그런 거를 익히기에는 지금 현재 조건이 안 좋은 것 같아 많이 걱정이 됩니다.

지승호   지난번에 '아이들한테 좌절을 가르칠 필요가 있다'고 말씀하신 거하고 같은 맥락인 것 같은데요. 누군가를 좋아하다가 좌절도 해보고 그걸 극복하면서 건강해지는 관계가 필요한데요. 관계 맺고 끊는 법을 잘 배우지 못하면 헤어질 때 큰 사고를 친다든가.

정영진   맞아요. 외적으로 제가 많이 부족하지는 않잖아요.

지승호   잘 생기셨죠.(웃음)

정영진   그럼에도 불구하고 연애를 시도할 때 처음에 성공하는 비율이 매우 낮을 거 아닙니까? 10번 대시하면 그중에 두세 번 성공하면 잘 된 거죠. 저는 많이 실패했는데도 불구하고 끊임없이 시도했는데요. 근데 그런 거 안 해보고 포기하는 거에 대한 두려움 이런 것만 너무 커지는 상황이 되면, 자기 뜻대로 안 되면서 쌓인 분노나 이런 것들을 제대로 풀지 못할 것 같아서 그 걱정은 좀 많이 돼요. 또 결혼은 아니더라도 하여튼 연애를 좀 많이 시도하고 좀 까여보고 좀 아파보고 이래야 사랑도 좀 잘할 수 있을 것 같은데요.

간절하게 매달리지 못했던 젊은 시절이 후회되기도

지승호   IQ가 148이라고 하셨잖아요.

정영진   근데 학창 시절에 잰 거라 정확하다고 생각하지도 않고, 중요하지도 않은 것 같고요.

지승호   그래도 높게 나온 사람들이 공부도 잘하고 그러더라고요. 학습 능력도 뛰어난 것 같구요. 근데 머리가 좋다고 생각해서 학업을 좀 게을리했던 건 아닌가요?

정영진   그거도 조금 있는 것 같기는 해요. 그래서 진짜 안 좋은 버릇인데 엄마들이 우리 아들 머리 좋다는 얘기를 너무 좋아하시잖아요. 저도 학업을 하기에 나쁜 머리는 아닌 것 같아요. 뭘 익히고 하는 데는. 근데 그거는 매우 적은 포션인 것 같고, 또 이것 저것 했는데 웬만큼 하는 애들의 가장 큰 문제가 끈기 있게 못 하는 거잖아요. 제가 그 점이 좀 있는 것 같아요. 그래서 차라리 5개 중에 하나만 잘하고 나머지 4개를 아예 못 해버리면 고민할 거 없이 그냥 하나만 하면 되잖아요. 근데 5개 중에 한 4개쯤 잘하면 뭘 해야 할지도 모르겠고 4개 잘하니까 나머지 하나도 하면 잘하겠지 이런 근거 없는 믿음, 자신감 때문에 뭘 열심히 하려고 하거나 막 간절하게 하려고 하는 그런 면이 좀 부족한 것 같아요. 저도 그게 좀 문제였던 것 같아요. 그래서 '정말 이거 아니면 죽는다'는 생각으로 막 매달리지 못했던 젊은 시절이 조금 후회는 됩니다. 그리고 좀 원망스러운 게 다른 걸 차라리 좀 못 했으면 하나만 정말 미친 듯이 해서 더 잘할 수 있지 않았을까 하는 아쉬움도 좀 있는데요. 그냥 그때 마음에는 '이거 되는데? 이 정도면 됐지!' 이런 마음이 있었던 것 같습니다. 그래서 머리가 나쁜 것 같진 않지만 별로 인생에 도움은 안 되는 것 같아요.

퀴즈 프로그램 우승 상금으로 미국 유학을 결심

지승호 TV 퀴즈 프로그램 〈1 대 100〉에서 처음으로 1인 우승을 하기도 했고, 〈퀴즈 대한민국〉 24대 퀴즈 영웅도 되셨잖아요. 퀴즈 프로그램 하나에서 우승하기도 쉽지 않은데요. 단기간 공부한다고 이게 되는 게 아니잖아요.

정영진 〈퀴즈 대한민국〉이랑 〈1 대 100〉이 약간 콘셉트가 다른데요. 〈퀴즈 대한민국〉은 진짜 정통 퀴즈 프로그램이고, 〈1 대 100〉은 예능적 요소가 좀 많이 가미된 거잖아요. 〈퀴즈 대한민국〉 우승은 제가 그때 기자, 그러니까 흔히 얘기하는 언론 고시, 언론사 시험 본다고 준비를 좀 한 덕을 봤어요. 그럼 시사·상식 같은 걸 공부해야 하잖아요. 그리고 시사 상식이랑 그때 많이 봤던 게 고사성어예요. 사자성어는 나중에 언론사 시험에서 논술 같은 거 할 때 좀 있어 보이도록 한두 마디 응용해서 쓸 수 있잖아요. 물론 전에 읽은 책들도 있지만, 그래서 내가 얼마나 공부했는지 테스트도 좀 하고 싶고, 그다음에 나중에 제가 하고 싶었던 게 방송 기자였기 때문에 방송에서 경험도 좀 쌓아보자는 생각으로 2016년인가 나갔던 것 같은데요. 〈퀴즈 대한민국〉의 예심인가를 봤어요. 예심 통과하고 막 이런저런 문제를 푸는데 제가 평소에 알던 것도 좀 나오고, 중간 문제는 기억이 잘 안 나는데 끝에 문제가 기억나요. 마지막 문제가 뭐였냐면 고사성어 2개를 맞추는 거였어요. 그게 망양지탄亡羊之歎이랑 맥수지탄麥秀之嘆인데 어떤 상황을 주고 여기에 맞는 고사성어를 맞추는 거였단 말이에요. 맥수지탄은 제가 너무 잘 알고 있었고, 또 하나가 망양지탄인데 그거는 제가 원래 알던 고

사성어는 아니었고, 방송 얼마 전에 봤던 고사성어 책에 있었던 거예요. 그러니까 언론사 시험 준비하느라고 봤는데, 엉뚱하게 〈퀴즈 대한민국〉으로 풀린 거죠. 그러니까 우연이면 우연인데 하여튼 제가 이걸 하려고 공부했던 건 아니지만 그 공부가 엉뚱하거나 혹은 다른 데에 반드시 쓰일 일이 있다는 거를 제가 이때 경험을 한 것 같아요. 공부해 놓으면 반드시 쓰인다, 어디엔가. 그래서 그때 그 경험을 한 번 하고 그다음에 우승자 자격으로 〈1 대 100〉에 처음에 1인으로 간 게 아니고, 100명 중 한 명이었어요. 100명 중 1명인데, 퀴즈대회 우승자들이 한 10명 이렇게 모여 있었거든요. 그때 1인 출연자 중에 연예인은 별로 없었고 지적 수준이 좀 있어 보이는 일반인이 보통 출연을 했단 말이에요. 그런 분들이 한 번씩 걸러서 출연을 했는데, 그분들이 너무 못 맞추는 거예요. 제가 나왔을 때 〈손에 잡히는 경제〉 진행했던 김방희 소장이라고 있는데 굉장히 똑똑하신 분이잖아요.

지승호 한때는 굉장히 방송 많이 하셨죠.

정영진 근데 2단계를 못 넘기고 다 자꾸 틀리는 거예요. 그 룰이 어떻게 됐었냐면 한 6단계, 5단계까지 가다가 자기가 포기하면 그때까지 쌓인 돈을 가져갈 수 있는 시스템이었어요. 내가 보니까 한 4~5단계 정도까지만 가서 한 천만 원 이렇게 당겨 갖고 나오면 되겠다 싶어서, 그것도 예심을 봤죠. 예심을 우수한 성적으로 통과했어요. 그것도 시사 상식 이런 거 그동안 열심히 해놓은 덕분이겠죠. 그렇게 통과해서 1인으로 나갔는데 그건 약간 눈치를 잘 봐야 되는 게임이었어요. 3개 중 하나를 맞추는 건데 이건 출제자의 의도를 잘 파악하는 게 무엇보다 중요한 게임이더라고요. 몇 번 해보니까 왜 저 보기를 이 사람들이 여기다 냈고 왜 이 문제를 지금 내는지 감이 좀 왔어요. 1, 2, 3, 4 쭉 이렇게 올라가다가 마지막에 그 100명을 다 쓰러뜨리면 5천만 원 먹는 거거든요. 근데 마지막에 한 대여섯 명 남았나, 이 상황까지 왔어요. 포기하면 한 1천만 원 가져가는 거예요. 확보된 천만 원, 어쩌면 올 수도 있지만 날아가 안 될 수도 있는 5천만 원 이 두 개 중에 하나 고르는 건데요.

지승호   진행했다가 안 되면 그 천만 원을 날리는 거잖아요.

정영진   그렇죠. 천만 원이 그때는 너무 큰 돈인데, 고민 고민을 하다가 '날렸다고 생각하고 가자' 하고 갔죠. 근데 마지막 문제가 그거였던 것 같아요. '다음 중 손의 위치가 잘못된 거' 해 갖고 로댕의 〈생각하는 사람〉이 왼손이냐 오른손이냐, 자유의 여신상이 오른손이냐 왼손이냐 이런 문제였던 것 같아요. 그 고민을 진짜 많이 했었어요. 또 이순신 장군이 왼쪽에 칼 찼냐, 오른쪽에 칼 찼냐 이거였는데 이순신 장군이 오른쪽에 칼을 차고 있는 건 제가 알고 있었어요. 광화문에 있는 게 그래서요. '왜 오른쪽에 차고 있냐? 왼쪽에 차야 오른손으로 꺼내서 쓰는 건데, 오른쪽에 칼집이 있는 것은 잘못됐다'는 기사를 제가 그 퀴즈 얼마 전에 본 것 같고, 하나는 확실하게 아닌 거 알았고, 두 개 중 하나가 굉장히 어려웠는데, 그때 제가 눈치를 봤어요. 눈치도 중요합니다.(웃음)

지승호   세상을 살면서 굉장히 중요한 거죠. 눈치, 염치.(웃음)

정영진   봤는데 김용만 씨는 아마 답을 알고 있었을 거고, 그다음에 100명은 당연히 모르고 있었을 거고요. 그때 진행이 김용만 씨였는데, 약간 떠봤어요. 그때는 제 느낌이에요. 김용만 씨가 어떤 부분에서 약간 흔들리는 것 같은 느낌이 있더라고요.

지승호   심리전이네요.(웃음)

정영진   제가 답을 골랐죠. 전 무대에 서 있고 무대 저 뒤편에 제작진들이 있을 거 아니에요? 제작진들이 약간 당황하는 걸 제가 알았어요. 왜냐하면 그때까지 한 번도 5천만 원을 받은 사람이 없었기 때문에 "5천만 원입니다" 하면서 터뜨리고 이런 거 해야 할 거 아니에요? 그 준비를 한 번도 안 해봤는데 어쨌든 처음 하는 거니까 잘해야 할 거 아니에요. 그러니까 그 준비하는 걸 느꼈죠.(웃음) 사실 마지막 문제는 눈치발로 고른 게 좀 있어요. 하여튼 그런 것 역시도 제가 어렸을 때 눈칫밥 먹은 사람은 아니지만 이런저런 아르바이트를 하면서 생긴 눈치, 사장님한테 욕 먹으면서 생긴 눈치, 아니면 광택제 팔면서 이 사람이 살지, 안 살지 얼굴 보고 파악하는 눈치 이런 것들이 쌓였을 거 아니에요? 그래서 제가 몸을 쓰는 게 참 중요하다고 생각하는 게 그런 눈치는 책으로나 영상으로나 수업으로는 도저히 알 수 없는 걸 거 아니에요?

지승호 옛날에 아르바이트할 때 눈치 없으면 많이 맞기도 하잖아요.

정영진 맞아. 정말 진짜 나쁜 놈들 많았죠.

지승호 학교도 험했지만 정말 바깥세상은 더 심했죠.

정영진 맞아요. 제가 기억나는 처음 레스토랑 아르바이트가 시간당 700원인가 800원쯤 했어요. 주로 서빙도 하고 주방 일 보조도 하는 거였는데, 그 사장은 돈을 안 줬어요. 그런 사람이 옛날에 좀 많았거든요. 핑계를 잡아 쫓아내고. 저는 서빙하고, 물론 거기서 밥도 먹었죠. 레스토랑이니까 당연히 밥 줘야지, 근

데 한 달 지났는데도 돈을 안 주는 거예요. 열아홉, 스물 이러니까 얼마나 그때 사장님이 어려워 보이고 말 꺼내기도 힘든데, "사장님 저 아르바이트 월급……" 얘기를 조심스럽게 꺼내는데 "나중에, 나중에" 하면서 계속 미루더라고요. 그러다가 제가 레스토랑에 안 나가고, 전화를 걸어 "빨리 주셔야 된다"고 그랬더니 막 있는 욕 없는 욕 다 하는 거예요. 지금 같으면 가만 안 둘 텐데, 그때는 어떻게 해야 할지 모르겠더라고요. 그 집이 함박 스테이크 같은 걸 했는데, "'니가 잘못 반죽해 놓은 함박 스테이크가 지금 몇 개인 줄 아냐?"고, 아니 그럼 나한테 그 일을 왜 시켜요.(웃음) 결국 돈도 못 받고 한 달 반 동안 고생만 했죠. 결국은 그런 경험들이 저한테는 꽤 괜찮은 경험이었어요. 그 사람이 고맙다는 건 아니지만 하여튼 그런 경험이 저한테는 매우 좋게 작용을 한 것 같아요.

지승호　퀴즈 프로그램 1등을 두 번 한 것이 본인에게 긍정적으로 작용한 부분이 있을 것 같은데요.

정영진　저를 믿는 데 있어서.

지승호　어떤 지적인 부분이 이렇게 괜찮구나, 하는 자존감도 생겼을 것 같구요.

정영진   네. 맞습니다. 사실 어찌 보면 〈퀴즈 대한민국〉은 제가 약간 좀 더 뿌듯해하는 거긴 합니다. 왜냐하면 그건 진짜 퀴즈를 잘 알아야 맞추는 거니까. 근데 〈1 대 100〉은 약간 눈치가 좀 섞이긴 했지만 어쨌든 그 단계까지 가는 데는 그래도 나름의 판단력이 좀 있었던 거고 상식이 있었던 거니까요. 그런 것도 있고, 그때까지 상금 액수로 일단 5천만 원짜리가 없었고요. 그것도 약간 좀 어깨 뽕 들어갈 만한 일이기도 했고, 스스로도 좀 센스도 있고, 좀 지식도 있다는 생각을 했죠. 제가 대학교 다닐 때, 그리고 대학교 졸업하고도 인터넷이 막 본격적으로 시작되기 전, 네이버 나오기 전까지는 제가 약간 인간 네이버 같은 사람이었어요.

지승호   걸어 다니는 백과사전.(웃음)

정영진   그러니까 친구들 사이에서 "이렇게 내기했는데, 이게 답이 뭐냐?" 하면 저한테 전화하고 막 그랬거든요. 제가 약간 잡지식이 좀 많았던 것 같아요. 이것저것 잡지식도 많았고, 또 안 좋은 버릇이긴 하지만 모르는 것도 아는 척을 잘했어요. 그럴듯하게.(웃음)

지승호   스토리텔링을 해낸 거네요.(웃음)

정영진   그러니까 마치 그 챗GPT가 모르는 것도 아는 것처럼 얘기하는 것처럼 저도 모르는데 다른 지식들을 이렇게 막 끄집어 와서 그게 맞는 것처럼 보이는 걸 잘했어요. 근데 그게 통했던 거는 지금이야 네이버 검색하면 바로 나오지만, 그땐 없었잖아요. 그러니까 팩트 체크하기까지 시간은 한참 남아 있는 거예요. 대신 그 친구들에게 남아 있는 거는 나중에 팩트 체크하더라도 그게 제가 틀린 건 기억 못하고 그 친구들의 머릿속에는 '정영진은 물어보면 다 알아. 이것도 알아. 저것도 알아. 쟤는 다 알아' 이것만 남게 되니까 10개 중에 한 일곱여덟 개 맞고 한두 개 틀리더라도 맞은 거에 대해서 사람들이 기억을 많이 해 주기 때문에 저는 이미지가 '아, 쟤한테 물어보면 다 아는 그런 사람'이 된 거죠. 그래서 약간 어깨 뽕이 좀 늘 있었는데, 그걸 공식적으로 공인받은 듯한 느낌, 친구들 무리에서만이 아니라 전국적으로 공인받은 느낌, 그래서 자존감이 그때 있었죠.

지승호   5천만 원이면 큰돈인데 어디다 쓰셨습니까?

정영진   그러니까 정확하게 2천만 원, 5천만 원 해서 7천만 원인데요. 그러니까 〈퀴즈 대한민국〉 우승상금이 2천만 원이었어요. 7천만 원 중에 정확하게 세금 22프로인가 제하고 5천만 원쯤 남았을 거예요. 가까운 사람들 밥 한 번 사주고 그다음에 제가 그때 방송 기자 이런 거 지원했는데 안 됐어요. 시험 본 게. 그래서 혹시 한국이 나한테 좀 무대가 작나, 내가 여기에 안 어울리나 이런 생각도 좀 있고 그래서 유학 한 번 갔다 오자는 생각을 했죠.

지승호 그래서 미국에 간 거군요.
정영진 맞아요. 저는 사실은 충남대 신방과라는 거에 대해서 전혀 부끄러움이 없는 사람이었는데 서울 와서 막 이렇게 하다 보니까.

지승호 학벌을 너무 따지죠?
정영진 너무 따지는 거예요. 충남대는 대전에서 되게 좋은 학교예요.

지승호 국립대학교잖아요.
정영진 1980년대까지만 하더라도 지방 국립대들이 웬만한 서울 학교보다 나았어요. 그러니까 서울대 연고대 갈 거 아니면, 예를 들면 경북대니 부산대니 아니면 충남대니 전북대니 이런 데 가는 게 훨씬 더 좋은 일이었어요.

로스쿨에 도전하다

지승호   오히려 더 프라이드도 있고.

정영진   그리고 취직도 그 지역에서 잘 되고 하니까요. 근데 어느 순간 서울로 다 몰렸죠. 나름 제 성적보다는 그래도 참 잘 갔다고 생각을 하고 있었는데, 막상 현실에 부딪히니까 좀 짜증이 나더라고요. 그래서 '유학 갔다 와서 학벌로는 할 말 없게 만들자' 이런 의도도 좀 있었어요. 그래서 갔는데 저는 영어를 잘 못했거든요. 근데 미국 가서 5천 정도면 저는 미국에서 학교 한 1년 다니면서 생활비 충분히 될 것 같고 그다음에 한 1년 정도 지나면 외국어도 좀 할 테니까 아르바이트하면서 나머지 학비를 좀 메꾸자, 이 작전으로 간 거예요. 막 전략이 있었던 건 아니고 1년 정도 버틸 돈 플러스 그 뒤는 내가 거기서 현지 알바 하면서 학교도 다니고 이 느낌으로 가서 처음에는 커뮤니티 칼리지 같은 데 그러니까 우리로 따지면 전문대 비슷한 데 갔죠. 거기서 어학 코스를 다녔어요. 근데 저는 그전에는 영어를 못하다가 토익 시험도 잘 못 보고 간 케이스라 가서 토플 공부를 하려고 그랬는데 영어가 너무 어렵고, 거기서 보다 보니까 거기 있는 대학원 나와서 석사를 해도 이렇게 막 한국에서 잘되고 이런 것도 아닌 것 같더라고요. 보니까 완전히 하버드나 예일 이런 데 가면 몰라도 그냥 그런 적당한 미국의 주립대 같은 데 갔다 와서는 쉽지 않을 것 같은 느낌이 자꾸 드는 거예요. 근데 그때 미국에서 알게 된 게 로스쿨인데, 미국에 있는 로스쿨은 들어가기가 생각보다 어렵지 않은 것 같았습니다. 로스쿨 시험 문제, 기출 문제 같은 걸 봤어요. 봤는데 로스쿨 시험 문제가 우리로 따지면 언어 영역 같은 게 하나 있고, 논리력 테스트 같은 게 하나 있고, 그다음에 하나가 약간 IQ 테스트 같은 게 있어요.

지승호　전문 영역이네요.(웃음)

정영진　언어 영역은 제가 영어를 20년 해도 안 될 것 같은 느낌이에요. 왜냐하면 문장이 끝나질 않아요. 마침표가 안 찍혀요. 한 문장이 스무 줄 가서 겨우 끝나요.(웃음) 보니까 옛날 영국 작가 초서의 글.

지승호　『캔터베리 이야기』.

정영진　그러니까 우리로 따지면 고전 소설인 『구운몽』이 예문으로 나오는 거예요. 그러니까 미국 애들도 사실 어려워하는 영어인 거예요. 당연히 로스쿨 들어갈 애들이니까 얼마나 말을 잘해야 하겠어요? 그러니까 언어 영역은 외국인인 저로서는 불가능의 영역이더라고요. 풀 수가 없어요. 그러니까 포기. 논리 영역은 짧은 문장에 얘의 논리의 허점을 찾아내는 거예요. 이건 생각보다 문장 자체가 어렵지 않고, 논리적 허점만 잘 찾으면 되는 거더라고요. 대신 조금 어려운 단어 몇 개 정도만 외우면 돼요. 이거는 할 만한 거예요. 그리고 아이큐 테스트 같은 거는 진짜 재밌는 게, 예를 들면 이런 문제예요. abcde가 있는데 5명이 강을 건너야 돼요. 그런데 b는 c의 뒤에 갈 수 없고, d는 a와 함께 배를 탈 수 없고 이런 조건을 줘요. 몇 번 만에 건너갈 수 있냐, 이런 걸 맞추는 건데요. 이거는 영어와는 전혀 무관하잖아요. 영어로 써 있지만.(웃음)

지승호   퀴즈를 잘 맞추면 되는 거였네요.(웃음)

정영진   이거는 제가 해보니까 어렵지가 않더라고요. 그래서 논리하고 그다음에 IQ 테스트 같은 거 두 과목을 잘 풀면 언어 영역을 많이 못해도 되겠다 싶었어요. 어차피 총점으로 보니까. 제 기억에 180점 만점일 건데 두 과목 만점 맞고, 하나 언어 영역을 우리로 따지면 100점 만점, 찍기니까 다 객관식이거든요. 다행히 한 20점만 맞으면 150점 가까이 돼요. 그러면 갈 수 있는 학교가 있어요. 로스쿨을. 예일, 하버드 이런 데는 '넘사벽'

이고, 어차피 로스쿨 아무 데나 나와서 중요한 건 그 해당 주에서 변호사 자격증을 따면 되는 거거든요. 예를 들면 뉴욕주 변호사 아니면 캘리포니아주 변호사 이런 걸 따면 그때부터 난 미국 변호사인 거예요. 아니면 미시건주 변호사를 따면 난 미국 변호사야. 어차피 내가 미국에서 활동할 수도 있지만, 미국 변호사를 갖고 와서 한국에서 기업들이나 이런 데 취직해도 괜찮을 것 같은 거예요. 그래서 오케이 내가 로스쿨 시험을 본다. 로스쿨 시험의 가장 맹점 중 하나가 보통 대학원들은 외국인이 가면 GRE 이런 걸 봐요. 그리고 토플 성적을 반드시 제출하게 되어 있습니다. 토플은 외국인으로서 얘가 충분히 수업을 따라올 정도로 영어를 하느냐 이거 보는 거잖아요. 근데 로스쿨은 토플 성적 안 보는 데가 대다수예요. 왜냐하면 외국인이라 할지라도 로스쿨 올 정도 애가 영어를 못한다고 생각을 안 하는 것 같아요. 영어를 못할 수 있다는 생각을 아예 안 하는 것 같아요.(웃음) 그러니까 토플 성적도 안 받고, LSAT라고 해서 그 로스쿨 테스트만 보는 거예요. 대학교 학점이랑. 저는 토플 공부 따로 안 해도 되고 로스쿨 시험만 잘 보면 되는 그 빈틈을 찾아서 공부를 했죠. 기출 문제를 열심히 풀어봤더니 아니나 다를까 논리 영역, 그다음에 IQ 테스트 같은 거는 거의 다 맞추는 거예요. 언어 영역은 아예 포기했구요. 그러니까 영어를 저처럼 못하는 로스쿨생은 아마 제가 알기로는 없었을 겁니다.(웃음) 역대 가장 못하는 애였을 거예요. 어쨌든 성적이 높지는 않죠. 언어 영역을 거의 다 찍었으니까. 그래도 갈 수 있는 학교가 몇 개 있었어요. 미국에서 찾아보니까. 퍼스트 티어, 세컨드 티어, 써드 티어가 있는데, 명문대들 어지간한 데들 그 다음에 좀 떨어지는 애들 가는 대학교가 있는데, 거기 붙은 거예요. 어렵지 않죠. 거기 가서 나중에 변호사 시험만 통과하면 되니까요. 학벌로 내가 뭐 할 건 아니고, 그래서 학교를 합격해서 배우는데, 근데 이 얘기를 이렇게 오래 해도 되나 모르겠네요.(웃음)

지승호   재밌습니다.(웃음)

정영진   막상 가보니까 진짜 못 해 먹겠더라고요. 영어를 알아들을 수가 없어요. 교수님의 말을.

지승호   아무래도 또 법학 용어두 들어갈 거구요.

정영진   그러니까 너무 어려워서, 다음 시간까지 읽어가야 하는 케이스, 그러니까 판결들을 한 과목마다 10개씩 읽어오라고 하는데요. 그러니까 외국 애들, 내추럴 본 미국인들은 당연히 쭉쭉 읽겠죠. 물론 걔네들도 쉽지는 않겠지만, 저는 하나 읽는 데도 개네들의 한 10배 이상 걸리는 거예요. 이게 전혀 익숙해지지 않더라구요.

지승호   판결 자체가 좀 어려울 수 있으니까요.

정영진   그러니까 알바는 아예 꿈도 못 꾸고, 그냥 이것만 보려고 해도 그것도 다 못 봐요. 소크라틱 메소드라고 해서, 로스쿨 수업은 선생님이 막 가르치는 거는 되게 적고 애들을 다 불러요. 한 100명 있으면 "지승호 일어나"하고 부릅니다. 그래서 지승호가 일어나면 오늘 해야 할 판결에 대해서 "얘는 유죄야, 무죄야?" "무죄입니다" "이런 이런 조건인데 이게 무죄야?" 그러면 "이런 조건은 이래서 무죄고, 이런 조건은 이래서 유죄입니다" 그러면 "그럼 조건이 이렇게 바뀌면, 얘는 유죄야? 무죄야?" 이런 식으로 계속 물어보는 거예요. 정말 천운이었던 건 저만큼은 아니지만 저랑 비슷하게 영어를 못했던 제 선배가 있었나 봐요. 마침 그 사람도 한국인이에요.(웃음) 근데 그 양반이 그 로스쿨에서 수업을 듣고, 선생님한테 지목돼서 얘기를 하다가 너무 긴장하고 당황하고 한 나머지 수업 중에 오바이트를 했다는 거예요. 그래서 한국애를 잘 안 시킨다는 거야. 선생이 너무 쇼크를 받아서요.(웃음)

지승호 선생님 나름대로 트라우마가 생긴 건가요?(웃음)

정영진 수업 중에 갑자기 오바이트 하니까요. 저는 그래서 학기 내내 한두 번, 서너 번 정도밖에 안 했어요. 그때도 눈칫밥으로 유지했는데, 성적은 좀 안 좋았어요. 체크하거든요. 그래서 성적 막 깎는데, 저는 문제 나오면 푸는 건 좀 잘 풀었어요. 기말고사 중간고사 이럴 때 쓰고 이런 거는 나름 꽤 했는데요. "이런 이런 점들이 유죄의 근거가 돼서 이 사람은 유죄입니다" 대체로 그런 식의 문제들이 많으니까 저는 읽고 쓰는 거는 그래도 어지간히 했습니다. 그렇게 2학기 지났는데. 성적은 나쁘진 않았어요. B제로쯤 나왔던 것 같아요.

지승호 그럼 굉장히 노력을 많이 하신 거네요.

정영진 노력 많이 했고, 딴 애들이 한 다섯 과목, 여섯 과목 들을 때 저는 세 과목인가밖에 못 들었어요. 아무래도 따라갈 수가 없어서요. 최소한의 학점을 듣고, 대신 학점이 나쁘지는 않았지만, 그래도 알바는 못 하겠더라고요. 수업 따라가기가 힘들어서. 그러니까 돈은 다 떨어지고 그래서 두 학기 마치고, 그 시험 보는 데까지 한 1년 날려 먹었고, 로스쿨에 입학하는 데 한 1년 써먹고, 또 한 1년 학교 다니고 한 2년 반 정도 미국에 있다가 포기하고 들어왔습니다.

지승호   미국이 아무래도 우리하고 좀 시스템이 달라서 거기서 공부하면서 미국이란 나라에 대해서 좀 많이 느꼈을 것 같은데 어땠나요?

정영진   많이들 아시겠습니다만 기본적으로는 학생들이 선생님한테 질문 같은 거를 편하게 하고, 선생님과의 관계도 수직적이지 않은 건 확실히 있는 것 같고요. 모르는 거에 대해서 부끄러움이 진짜 없는 것 같아요.

지승호   챗GPT가 그런데.(웃음)

정영진   저도 영어는 못하지만, 그래도 대충 알아들을 수는 있잖아요. 근데 애들이 질문하는 걸 들어보면 이렇게 무식한 질문을 하나 싶을 정도인 경우가 많거든요. 저걸 물어본다고?(웃음) 그런데도 별로 부끄러움 없이 물어보는 거예요. 물론 우리가 편하게 말은 많이 하죠. 모르는 게 부끄러운 게 아니다, 하는 얘기를 많이 하는데요. 그럼에도 불구하고 우리는 질문하기를 꺼리잖아요.

지승호   한국 사람들이 그런 게 좀 있죠.

정영진   근데 걔네는 그런 것조차 없는 것 같더라고요. 물론 제가 다닌 로스쿨이 거기서도 수준 높은 학교는 아니기 때문에 더 그럴 수도 있는데요. 여튼 이런 것도 모르는 애들이 나중에 변호사를 한다는 게 진짜 이상할 정도로 모르는 애들이 많았는데요. 그런 모르는 거에 대한 부끄러움이 전혀 없다는 게 좀 신기했고, 돈 없는 거에 대한 부끄러움도 별로 없는 것 같았습니다. 우리는 어쨌든 뭐가 좀 없으면 주눅 들기도 하고, 하다못해 식당 갔는데 내가 10달러밖에 없는데 음식값이 12달러면 창피하잖아요.

지승호　제일 싼 것도 잘 못 시키죠.(웃음)

정영진　걔네는 그냥 떳떳하게 "나 10달러밖에 없다"고 얘기를 하든지 아니면 "그냥 돈이 없으니까 다음에 오자" 혹은 "좀 싼 데 가서 먹자"는 말을 아무렇지도 않게 하는 거예요. 만약에 저라면 들어가기 전부터 이게 얼마쯤 하는 데인지는 알고 들어갔을 거고, 아니면 가격이 좀 비싸다 싶으면 머리 긁적이면서 "갑자기 일이 생겨서 다음에 올게요" 이러고 나왔을 텐데요.(웃음) 걔네는 "지금 내가 돈이 모자라니까 다음에 오겠다" 이런 얘기를 전혀 거리낌 없이 하는 거예요. 내가 돈이 없는 거, 내가 모르는 거에 대한 부끄러움이 없다는 게 좋은 점인 것 같고, 제가 영어를 못한 이유 중에 하나가 저는 자꾸 모르는 영어를 문장을 완성해서 그 사람들이랑 대화를 하려고 하잖아요.

지승호   그렇죠. 틀리더라도 외국인한테 말을 걸고 해야 언어가 늘 텐데요.

정영진   문법적으로 틀리지 않은, 그리고 어휘도 적당한 어휘를 골라서 하려고 하다 보니까 머릿속으로 생각하다가 놓치는 것 같아요. 대화라는 거는 실시간으로 왔다 갔다 해야 하는데, 머릿속으로 생각만 하다가 놓치고 그냥 웃고 넘어가고 그러니까 그게 안 좋은 버릇인 거죠. 어쨌든 모르더라도 그냥 생각나는 대로, 입에서 나오는 단어들을 자꾸 하나씩 해야 영어가 좀 늘 텐데, 그러니까 영어도 안 늘고 대화에도 잘 못 끼고 이런 생활이 좀 오래 지속이 됐죠. 그러니까 그런 것들은 하여튼 확실히 어느 나라 애들이나 우리나라에서 말 배우는 속도가, 우리나라 사람이 딴 나라 가서 말 배우는 속도보다 훨씬 빠른 것 같아요. 그 사람들은 모르는 거에 대한 부끄러움이 없어서 그런 것 같아요. 그래서 우리도 좀 가능하면 그랬으면 좋겠다는 생각을 좀 하긴 했죠.

지승호   계속 눈치라는 얘기가 많이 나오는데, 한국 사람들이 눈치를 많이 보는 사람들이고, 또 외국인이 말을 걸어올 때 심지어 우리나라에서 영어를 못하는 거에 대해서 부끄러워하잖아요.

정영진   맞아요.

지승호 자랑할 일은 아니지만, 또 그렇게까지 막 주눅들 일은 아닌 것 같은데요.

정영진 우리는 영어를 초등학교 혹은 그 이전부터 배우고, 중고등학교 때까지 계속 배우는데도 영어를 잘 못하는 애들이 너무나 많죠. 걔네들은 한국어를 정식으로 배울 틈도 없는데, 그냥 유튜브 보고 한국 와서 부딪치면서 배우는 데도 막 2~3년 지나면 되게 잘하고 이러는 게 확실히 모르는 거에 대해 부딪쳐 본다는 것이 다른 것 같습니다. 그리고 그 말이라는 것도 그냥 혼자 머릿속으로, 아니면 책으로 익힌 것은 확실히 말하는 데까지 이어지지 않는 것 같더라고요. 기본적인 것들은 알아야 하겠지만 말도 역시 마찬가지로 몸으로 익혀야 하는 것 같습니다. 말도 입으로 익혀야지, 그게 머리로 익힌다고 되는 건 아닌 것 같아요.

지승호 영어 배우고 싶으면 그냥 좀 쪽팔리더라도 이태원 가서 말 걸어보고 막 이런 게 빠르다는 기죠?(웃음)

정영진 어떻게 보면 뻔한 얘기긴 하지만 하여튼 그런 게 정말 좋은 것 같아요.

지승호 어떻게 보면 미국 가서서 소기의 목적은 못 이루신 거잖아요.

정영진   그렇죠.

귀국 후 W에서 방송을 시작하다

지승호   다시 한국에 와서야 '방송을 해야 되겠다'라고 생각한 건가요?
정영진   제가 미국 가기 전에 퀴즈 이런 거 하고 그다음에 라디오 뉴스 프로그램에서 뉴스 브리핑 같은 걸 좀 했었어요. 그때 김어준 씨 하는 프로그램에서 했었는데요.

지승호   SBS에서 한 거죠?
정영진   〈뉴스 앤 조이〉를 김어준 씨가 했는데, 거기에 뉴스 브리핑 같은 걸 했었어요. 그때 당시에 인터넷 방송 같은 게 막 개화하던 시절이었거든요. 성인 방송도 좀 있었고, 그다음에 지금 〈아프리카〉 있잖아요, 별풍선 받는. 거기가 원래는 '아프리카'라는 이름이 아니었고, '더블유'였어요. 그 시절에 제가 인터넷 방송을 했거든요. 왜 했냐면 그때 제가 방송 기자를 준비하고 있었는데요. 방송 기자 시험이 보통 연말에 있어요. 한 해 떨어지면 그다음 연말까지 기다려야 하는데, 나름 공부를 다 한 것 같은

데, 무슨 스터디 이런 데도 잠깐 가보고 했구요. 시험 보면 될 것 같은데, 기간이 너무 많이 남아 있는 거예요. 그래서 카메라 테스트 같은 거 한다는 생각으로, 또는 면접 연습한다는 생각으로 카메라를 켜놓고 그냥 누군가 보고 있다는 생각을 하면서 시사 뉴스 정리하는 것을 연습했어요. 제 의견도 좀 섞어서. W(더블유)라는 데에서 시작을 했는데, W 입장에서는 인터넷 방송이라고 하면 성인 콘텐츠 아니면 게임, 스타크래프트 중계하는 거 해설하고 하는 거 이거 말고는 다른 콘텐츠가 없었던 거예요. 그러니까 저 같은 시사 프로그램이 그들 입장에서 되게 고마운 존재였죠. 왜냐하면 우리는 그런 시사 방송도 하는 서비스라는 것을 보여주고 싶었을 테니까요. 그러니까 그들의 이익에 너무 부합하는 콘텐츠를 제가 하고 있었던 거죠. 사실 원래 시청자 수가 많아야 메뉴 상단에 띄워주는데, 제 것은 일부러 띄워줬어요.

지승호   우리한테 이런 거 있다?

정영진   그렇죠. 의도치 않게 그게 방송이 잘 됐어요. 일단 맨 위에 떠 있으니까, 그래서 나름 시청자 수도 꽤 확보가 됐고, 그것 때문에 인터뷰 기사 같은 것이 몇 개 나갔어요. 이런 방송 하는 애들도 있다, 그때 막 UCC 이런 게 한창 유행할 때인데요. 그래서 1인 UCC, 시사 UCC 이러면서 몇 번 기사도 나갔습니다. 그런 인터넷 방송하는 친구들 몇 명이 김어준 씨 하는 프로그램에 요일별로 한 명씩 들어간 거예요. 10명인가 있었는데, 다 그만두게 됐어요. 왜냐하면 김어준 씨가 기가 세잖아요. 못 버티고 다 나간 거예요. 저는 살아남았죠. 당시 피디가 그 점을 높게 사서, SBS 시사프로그램 하는 PD였는데 뉴스 브리핑이나 이런 거 할 때 있으면 항상 저를 찾았어요.

미국에 한 2년 반 있다 왔는데, 제가 돈이 하나도 없었거든요. 통장에 한 40만 원 정도가 있었어요. 그걸로 서울에 있는 고시원 하나 끊어서, 거기서 한 달 버티고, 여기저기 수소문해 보니까 제가 아는 분 하나가 북촌 한옥마을에서 게스트하우스 같은 걸 했는데, 그거 관리할 사람이 필요했던 거예요. 그 관리를 제가 하고 대신 거기서 숙식을 해결하겠다고 했죠. 오케이가 돼서, 거기 가서 먹고 자면서 숙식을 해결했습니다. 그러면서 SBS PD한테 "나 한국 왔다" 그래서 다시 뉴스 브리핑 같은 거를 좀 시작하고, 그때 인터넷 신문사 하나를 제가 만들었어요. 위키프레스라고. 위키피디아가 막 나왔을 땐데, 위키라는 단어의 뜻이 원래 하와이어인가 '빨리' 이런 뜻도 있어요. 빨리빨리 이런 뜻이 있고, 그다음에 wiki가 앞글자를 따서 'what I know is'라고 해서 내가 알고 있는 거를 다 같이 공유한다는 뜻도 있었는데요. 그런 의미로 위키프레스라는 걸 만들었는데, 나름 그것도 반응이 괜찮았어요. 그래서 거기서 기자들도 뽑고 해서 제가 편집장 비슷한 거 하면서 인터넷 신문사를 운영했는데요. 그때가 종편이 막 생길 때입니다. 2011, 2012년 이때쯤에 종편 4사 생기고, 거기서 급하게 필요한 게 제작비가 많이 안 드는 방송을 해야 하니까 그 종편들이 뭘 했냐면요, 지금도 많이 하지만 뉴스하고 뉴스에 대해 해설하는 프로그램이었어요.

그래서 이른바 시사 평론가들의 전성시대가 그때 열렸는데요. 시사평론가 하면 뻔한 황태순, 최영일 이런 분도 있었고, 그보다는 조금 젊은 사람 하나가 필요했나 봐요. 윤주진 이런 사람이랑 저랑 발탁이 돼서, 광화문에 있는 종편들, TV조선·채널A 등에 출연했죠. 거기는 작가들이 여기서 한번 잘 한다 싶으면 여기저기서 막 모셔가거든요.

지승호 방송은 늘 새로운 스타를 필요로 하죠.

정영진 그래서 네 군데를 맨날 돌았어요. 하루에 막 3~4개씩. 인생 애기가 다 나오네요.(웃음) 하여튼 그렇게 한참 하면서 다시 좀 정상적인 경제생활을 하게 됐죠. 그래서 대충 2013년이면 서른일곱 정도 됐으니까요. 그때부터 사실상 경제생활을 시작했지, 그전에는 돈을 거의 못 벌었어요. 그러니까 서른 30대 후반 거의 마흔 다 돼서 벌기 시작한 거니까 모아둔 돈도 하나도 없었고요. 그러니까 늦게 시작했지만, 지금도 불안해하는 젊은 분들이 많이 계시지만, "마흔부터 시작해도 아주 늦진 않더라"는 말씀을 드리고 싶어요. 그때 원룸 살다가 그 원룸에서 결혼하기도 했으니까요. 너무 늦는다고 걱정들은 안 하셔도 괜찮을 것 같다는 생각을 합니다. 저도 매우 매우 늦게 시작한 케이스라서요.

팟캐스트의 가능성을 보고 〈똑똑한 12시〉 만들다

지승호   그러다가 본격적으로 기획을 하신 것이 〈불금쇼〉인가요?

정영진   전에도 이 얘기를 했었나 모르겠는데요. 종편 시사 프로그램 이런 거 막 할 때쯤에 〈나는 꼼수다〉가 대단히 선풍적인 인기를 끌었잖아요.

지승호   2011년이죠.

정영진   그게 어마어마한 파급력을 가진다는 거를 그때 느꼈죠.

지승호 나꼼수를 보면서.

정영진 그래서 저 정도까지는 모르지만, 이 시장이 커지면 그거 하나만 있을 수 없는 거니까요.

지승호 다양한 콘텐츠가 필요할 것이다?

정영진 그래서 뭐 할 수 있을까 하다가, 그때 〈국민TV〉라는 데가 있었는데요. 김용민 형이 있었던.

지승호 합정동에 있었죠?

정영진 네. 그 형이 SBS 라디오 시사프로그램 뉴스 브리핑을 저랑 같이 많이 했는데요. 그래서 얼굴을 서로 알고 있었는데요. 그래서 한두 번 출연하다가 "영진 씨랑 뭐 하나 좀 하고 싶다"고 하세요. 어차피 그때는 일도 별로 없었고, 저도 팟캐스트 쪽이 가능성은 좀 있었다고 생각을 했던 때거든요. 그래서 뭐 할까 하다가 그때 생각해낸 게 〈똑똑한 12시〉라는 걸 했어요. 아침 라이브 같은 건 다 했고, 그래서 낮 12시에 지랑 같이 뭐 하나 하자고 그래서 시청자들하고 직접 전화하면서 퀴즈 내고 상품 주고 이런 거 하나 한 거예요. 약간 시사도 좀 들어가고, 그때 용민이 형이 워낙 시사 쪽으로 잘 나가고 있었을 때라서.

지승호   두 분이 하신 거네요.

정영진   용민이 형이 PD 역할을 하고, 제가 진행을 했어요. 그게 나름 또 괜찮았고, 그러면서 저는 이쪽에서 할 수 있는 게 뭐 있나 하다가, 그 SBS PD랑 같이 뭐 하나 하자고 해서 〈떡국 열차〉라는 것을 했습니다. 지금은 없지만, 그러니까 '누워서 떡 먹기보다 쉬운 역사 이야기'라는 뜻으로 〈떡국 열차〉 이렇게 이름을 지었던 것 같아요. 그때 영화 〈설국 열차〉가 유행일 때라 〈떡국 열차〉로 했는데요.(웃음) 그것도 나름 마니아층이 좀 있었고, 〈똑똑한 12시〉도 괜찮아서, 팟캐스트 이것저것을 하면서 조금 인지도를 쌓았습니다.

그때 아는 동생이 자기도 팟캐스트를 하고 싶다고 와서 도와달라고 그러는 거예요. 제가 직접 출연하긴 힘들 것 같아서, "너네 하는 거 한번 봐줄게" 하고 간 거예요. 가봤더니 4명이서 떠들더라고요. 그때 제일 유행하던 포맷 자체가 한 서너 명이 떠드는 거였으니까요.

지승호   〈나는 꼼수다〉 스타일로.

정영진   가보니까 4명이 떠드는데, 저는 대충 이렇게 흘려듣다가 한 명이 딕션도 굉장히 좋고, 그 친구 말만 정확하게 제 귀에 꽂히는 거예요. 다른 애들은 그냥 그렇고, '이게 뭔가?' 하고 들어봤는데, 이 친구가 진짜 말을 너무 재미있게 잘하는 거예요.

인생의 동반자 최욱을 만나다

지승호   최욱 씨였네요. (웃음)

정영진   네. 그게 최욱이었던 거예요. 그래서 최욱 씨 번호를 제가 따갖고, "나중에 뭐 좀 같이 하나 하자" 그랬죠. 그래서 최욱이랑 같이 뭘 할 수 있을까 하다가 〈불금쇼〉라는 것을 하게 된 거죠. '불타는 금요일' 이런 컨셉이었는데, 아니나 다를까 최욱이라는 아주 재능 있는 친구랑 하니까 또 잘 됐어요. 그게 2014년쯤인 것 같네요.

지승호   2014년 9월에 시작한 것으로 알고 있습니다.

정영진   아 그런가요? 그쯤 맞아요. 그때 시작을 하는데 잘 됐죠. 처음에는 좀 힘들었는데, 하여튼 하다 보니 잘 돼서 팟캐스트 쪽에서는 거의 제일 잘 나가는 프로그램이 됐죠. 매니아들이 많이 생기고, 이것저것 조금씩 하다가 팟빵 쪽에서 "이걸 매일 하면 어떻겠냐?"고 제의가 왔어요. 자기네가 제작을 하고, "두 분 진행하시는 데 어려움 없게 할 테니 두 분은 진행에만 더 신경 써 주시고 매일매일 합시다"고 하길래, 오케이 해서 시작을 한 거죠. 그래서 한 10년 가까이 욱이랑 같이 〈매불쇼〉를 한 거죠.

지승호 '매일 매일 불금'쇼, 그래서 〈매불쇼〉가 된 거네요. 팟빵이 개국하면서 런칭을 한 건가요?

정영진 팟빵이라는 회사 자체는 원래 있었어요. 팟캐스트 역사가 나오는데, 원래 애플 팟캐스트가 있었는데 원래 애플 거였잖아요. 그런데 그거를 구글 폰에서도 좀 듣고 싶다 이런 사람들이 많아지면서 뭐가 있었냐면 '쥐약', '팟빵' 그런 게 몇 개 있었어요. 플랫폼들이. 근데 나머지들은 다 죽고 팟빵만 살아남은 거죠. 모 회사가 돈이 좀 있는 회사였으니까. 그러니까 애플 팟캐스트에서만 들을 수 있던 거를 팟빵에서도 자기네들이 갖고 와서 들을 수 있게, 그래서 안드로이드폰을 쓰는 사람들도 다 들을 수 있게 해주는 서비스가 원래 팟빵이었는데요. 팟빵에서 나중에는 그냥 중계만 하는 게 아니고, 아예 자기네가 콘텐츠도 좀 만들자 해서 만든 것 중 하나가 〈매불쇼〉였고, 그 이후로 이것저것 만들었는데 다른 건 그렇게 잘되지 않은 것 같고, 〈매불쇼〉는 팟빵의 대표적인 메인 콘텐츠가 된거죠.

지승호　〈매불쇼〉가 정영진 님 삶에서도 꽤 큰 영역을 차지할 텐데, 이걸 진행하면서 기억에 남거나 제일 보람 있었던 것은 어떤 것이 있나요?

정영진　〈불금쇼〉, 〈매불쇼〉는, 꼭 제가 나와서 그런 건 아니고요. 진행을 한창 할 때도 이건 최욱의 프로그램이라고 저는 생각을 했어요. 2시간 정도 사람을 그렇게 재미있게 만들 수 있는 사람은 최욱밖에 없을 거라고 생각하니까요. 전체적인 프로그램 톤이나 이런 걸 결정짓는 것도 역시 저는 최욱이라고 생각을 하고요. 제일 보람이 있었다면 저는 최욱이라는 사람을 여기에 발 들이게 한 거, 그리고 나랑 같이 한 거는 정말 가장 보람 있는 일이라고 생각해요.

지승호　최욱 씨를 발탁을 하신 셈이니까요.

정영진　그러니까 저 아니라도 언젠가는 어디선가 빛났을 사람이지만, 그래도 그 역할을 제가 했다는 게 대단히 자랑스럽고요. 그리고 저는 진행 쪽에 있어서는 너무 역사까지 얘기하면 너무 좀 거창한지 몰라도 역사에 남을 사람이라고 생각하는데요.

지승호　그렇죠.

정영진　최욱이라는 사람의 옆에서 한 10년 정도를 같이 했다는 것도 저는 굉장히 영광이다, 그만큼 보람된 일은 없는 것 같다는 생각을 합니다.

기억에 남는 마광수 교수님

지승호 지금도 같이 하시고, 계속하실 테니까요.

정영진 그렇게 웃을 일이 많지는 않을 거 아니에요. 방송하면서 종종 재밌긴 하지만, 그렇게 미친 듯이 웃어본 일이 성인 돼서는 사실 별로 많지 않거든요. 정말 너무너무 재밌는 일들이 많았어요. 대부분 최욱 때문에 웃은 거지만, 하여튼 기억나는 게스트들 중에 신동욱 공화당 총재같이 진짜 레전드로 남은 에피소드가 몇 개 있고, 한대수 씨, 조영남 씨 등이 기억에 남습니다. 그 다음에 기억에 남는 게스트 중에 한 명이 마광수 교수님인데, 그분도 저는 너무 좋았거든요. 저도 그런 정도로 자유로운 생각을 하면서 살고 싶은데, 그분 만한 지적 깊이나 이런 건 없지만, 일단 그분만큼 자유로운 사고를 하며 살고 싶거든요.

지승호 그분도 한국이 품지를 못했죠.

정영진　너무 힘드셨죠. 기억에 남는 것 중 하나가 그때도 아마 연세가 70대가 넘으셨을 텐데요. 지금은 돌아가셨지만, 그 정도 네임드 교수고 연세도 있으신 분이 우리한테 "출연료 얼마 주냐?"고 묻는 게 쉽지 않을 수 있거든요. 근데 그걸 아무렇지도 않게 물어보시는 것 자체가 저는 너무 좋았어요.

지승호　사실 그게 좋으면서도 짠한 게, 실제로 마광수 선생님이 자기 사이트에서 책을 주문받아서 팔기도 하셨거든요. '굉장히 소탈하시다'고 생각하면서도 실제로 그게 생계에 보탬이 되려고 하신 거라는 생각이 드니까요.

정영진　사실 저는 돈이 없어도 돈 없다는 얘기는 잘 못하거든요.

지승호　그거 못 하시는 분들이 많잖아요.

정영진　그리고 어디 출연 같은 거 할 때도, 물론 요즘은 잘하긴 합니다만 "얼마 주냐?"는 걸 제 입으로 말하기가 조금 그렇잖아요. 저도 여전히 가는 체면치레 같은 것을 신경쓰는구나 싶기도 하구요. 그래서 마광수 교수님 같은 경우는 정말 대단하다는 생각이 들기도 했습니다. 그리고 또 기억에 남는 게스트가 가수 전인권 님.

지승호	그런 분들을 좋아하시는구나. 뭔가 아우라가 남다른 분들.(웃음)
정영진	아우라도 남다르고, 그렇게 성공한 분들, 경제적 성공은 아니더라도 자기 분야에서 일가를 이루신 분들의 공통점은 제가 느끼기엔 소년 같은 면이 있다는 건데요.
지승호	그러네요. 다 소년 같은 면이 있고, 삶에 굴곡이 좀 있는 분들.
정영진	그리고 자기가 좋아하는 일에 무척이나 해맑다는 거구요. 그러기 진짜 쉽지 않을 텐데. 전인권 선생님 같은 경우 저랑 욱이랑 여자 아나운서 하나랑 얘기를 했는데요. 끝나고 나서 그 여자 아나운서한테 번호를 물어보더라구요. 근데 그게 추해 보이지가 않고, 소년 같은 모습이 너무 좋았어요.
지승호	순수한 면이 있으신 분이라.
정영진	하여튼 그런 소년 같은 모습을 나는 과연 60세, 70세, 80세 돼서도 유지할 수 있을까? 그게 쉽지 않을 것 같거든요. 그런 게 되게 부럽고, 멋있어 보였습니다.
지승호	그리고 캐스팅 전략을 보면요. 〈시네마 지옥〉 같은데 나오는 평론가분들이 호감형들은 아니잖아요. 약간 언더도그 같은 캐릭터들을 굉장히 잘 조합해서, 재미있게 만든 면이 있지 않습

니까? 사실 최광희 님이라든지 이런 분을 보면 그렇게 호감형 캐릭터는 아닌데요.(웃음)

정영진   최광희 씨는 제가 KBS라디오인가 이런 데서 프로그램을 1년 정도 진행을 했을 때 모신 분이에요. 근데 그 양반은 라디오 진행하는 데 오시면 다른 영화 평론가들이랑 너무 다른 거예요.

지승호   유니크하시죠.

정영진   올 때마다 항상 술 냄새가 났고.(웃음) '이 양반은 도대체 뭔가' 했는데요. 근데 그냥 아예 납득 안 되는 얘기만 그렇게 자기 뜻대로 해버리면 그냥 그러다 말 텐데, 저는 그 얘기를 들으면서 납득되는 경우가 되게 많았거든요.

지승호   자기 논리가 있죠.

정영진   그래서 '그럼 괜찮겠다' 생각을 해서 〈매불쇼〉 영화 코너 할 때 그 양반을 모셨으면 좋겠다 해서 오신 건데요. 역시 제 기대에 맞게 다른 분들이랑 잘 싸워주시고, 자기만의 억지도 좀 부려주시고.(웃음)

지승호   요즘도 자주 싸우시더라고요.(웃음) 최근에 라이너 님하고 싸우시고.

정영진   오늘 말고 한 차례 정도 더 인터뷰하시죠. 제가 요즘 준비하고 있는 제 나름의 주제인데요. 적정 기술과 비슷한 '적정 성공'이라는 개념을 사람들하고 얘기를 하고 싶어서 그걸 좀 준비하고 있어요. 그냥 제 얘기만 하면, 좀 그럴 것 같아서요. 제가 지금 정리 중인데, 적정 기술이라는 건 아시잖아요. 예를 들면 아프리카 오지 같은데 웅진 코웨이 정수기 준다고 해서 그들이 쓸 수가 없잖아요. 전기가 들어오지 않으니까요. 그렇다고 필터를 계속 바꿀 수 없으니까 그거는 그들에게 필요한 기술이 아니라 넘치는 기술인 거고, 어찌 보면 쓸모없는 기술일 수도 있는 거고요. 그래서 냇물을 바로 정수해 먹을 수 있는 생존 빨대 같은 거 있잖아요. 그런 게 그들에게 매우 유효하기도 하고, 꼭 필요한 지속 가능한 그런 기술들일 거 아니에요. 우리에겐 별로 필요 없을 수 있지만, 그들에게 딱 맞는 그들의 환경에 적정한 그 기술인 것처럼 적정한 성공에 대한 개념을 고민하고 있습니다.

지승호   네. 다음 번에 그 얘기를 하시지요.

정영진   요즘 많이 드는 생각인데요. 우리가 예를 들어 일론 머스크나 워렌 버핏을 보면서 막 따라가려고 하잖아요. 그 사람들을 보고 가면 적어도 그 반 혹은 그 사람의 10분의 1은 가겠지, 이런 생각인데요. 어쩌면 아닐 수 있는 것 같다는 거죠. 그렇게 되면 괴리가 너무 심해지니까 오히려 스트레스만 더 커지고, 다 포기하거나 아니면 잘못된 길로 가거나 본인에게 맞지 않는 옷을 자꾸 입으려고 하는 것 같다는 생각이 좀 들거든요.

지승호   그렇죠.

정영진   그래서 '적정 성공'이라는 것을 사람들에게 얘기를 해서 지금 나의 환경과 지금 나의 시기와 지금 내가 갖고 있는 능력 정도에서 할 수 있는 만큼의 성공 정도를, 욕심을 너무 과하게 내지 않는 것을 좀 잘 판단하면 좋겠다는 생각을 해서 '적정 성공'이라는 키워드를 갖고 콘텐츠를 만들려고 하고 있어요. 그래도 뭔가 새로운 얘기를 하나 정도 넣으면 좋겠다는 생각이 들어서요.(웃음)

정확한 최욱의 판단력을 믿는다

지승호   최근에 〈매불쇼〉에 정규재 평론가님이 나왔는데, 많은 분이 구독을 취소했다고 하더라구요. 최욱님도 '이런 목소리도 필요하다'고 생각해서 출연시킨 것 같은데, 그런 면에서 고집이랄까, 자기 줏대가 확실히 있는 것 같더라구요.

정영진 욱이가 그렇죠. 사람들이 일시적으로 욕을 할 순 있어도 결국 장기적으로 보면 돌아온다는 것을 확신하기 때문에 그런 선택을 했을 거라고 보구요. 그런 최욱의 판단은 거의 100이면 98쯤은 정확하게 맞습니다.(웃음) 그래서 절대로, 제가 지금 현재의 〈매불쇼〉를 걱정할 건 아니라고 생각하는데요. 다만 〈매불쇼〉를 사랑하는 입장에서 보면 종종 걱정될 때는 좀 있어요. 사람들이 답답한 마음에, 또 워낙 분노가 많이 쌓인 상황에서 그런 목소리라도 좀 내고 싶고, 더 강한 뭔가를 원하는 그 마음은 충분히 제가 이해하는데요. 자칫 극으로 가는 그런 것들을 원하는 것이 본인이 너무 사랑하는, 예를 들면 〈매불쇼〉라는 콘텐츠가 됐든 어떤 콘텐츠가 됐든 그 콘텐츠들을 망치는 수가 있거든요.

지승호 그렇죠.

정영진 욱이가 줏대를 잘 잡고, 중심을 잡고 갈 거라고 생각은 하지만, 너무 많은 사람이 그렇게 말해버리면 혹은 그 사람들이 다수는 아니더라도 소수지만 댓글이나 이런 걸 통해서 계속 그런 메시지들을 많이 내면 다른 사람도 영향을 받게 될 것 같구요. 결국은 그 프로그램을 운영하는 욱이나 혹은 제작진들에게도 영향을 줄 수가 있는 거라서요. 당장은 그런 극단적인 목소리, 강한 목소리가 더 귀에 잘 들리고 사람들에게도 더 선호를 받을 것 같아요. 과거 어떤 역사를 보더라도, 혁명이나 뭐 이런 거 할 때도 강경파들이 득세는 하지만, 그들이 오래 가는 경우는 거의 없거든요. 그러니까 지금도 이 혼란스러운 시기에 그런 강경한 목소리, 어찌 보면 좀 폭력적인 목소리들이 사람들에게 선호받고 더 시원하다고 느껴지고, 그렇지 않은 사람들이 비겁한 것처럼 느껴질 수도 있겠지만 그런 강경 일변도로 가는 게 본인들에게도 아마 좋지 않을 것 같고, 본인이 사랑하는 프로그램에도 좋지 않을 거고, 본인과 함께 그 프로그램을 즐기는 사람들에게도 별로 그렇게 좋은 영향을 주지 않을 것 같습니다.

그러니까 꼭 약하게만 얘기하라는 건 아니지만, 그런 강한 목소리에는 반드시 그에 걸맞은 책임도 좀 따르는 거고, 그 강한 목소리를 내는 근거도 분명해야 되는 것인데요. 지금은 사실이나 이런 거보다는 강한 감정의 분출만이 더 선호받는 것 같아서 그게 조금 걱정이 되는 부분이기는 해요.

이건 좀 조심스럽긴 합니다. 현재는 제 프로그램이 아니기 때문에 좀 그렇긴 하지만, 사회 전체적으로 꼭 정치 뉴스 댓글이 아니더라도 무슨 사건 사고만 나도 "무조건 사형시키자" 이런 게 많잖아요. 팩트가 아닌 경우가 나중에 뒤늦게 밝혀져서 또 뒤집어지고, 본인이 후회하고 이런 경우도 많은데요. 물론 이래도 흥, 저래도 흥 그것만이 정답은 당연히 아니지만, 그렇다고 사람들이 더 박수 보내고 선호해 주는 강경한 것만이 정답은 아닌 것 같다, 그 정도 말씀을 드리고 싶습니다.

세상과 다른 이야기를 하는 사람도 필요하다

지승호 이를테면 사실 김새론 씨 경우를 좀 냉정하게 따지면 우리 사회 전체의 포용력이 그렇게 크지 않았던 건데요. 돌아가시고 나니까 김새론 씨를 우리 사회는 굉장히 위해줬는데, 그런 일이 벌어진 것을 김수현 씨 혼자의 책임인 것처럼 몰아가는 면도 있지 않습니까? 실제로 김갑수 평론가님이 〈매불쇼〉에서 그 비슷한 얘기를 했다가 프로그램에서 아웃됐는데요. 정영진 님이 계셨으면 어떤 판단을 했을까요? 최욱 님도 그런 결정을 내리기까지 고민이 있었을 것이고, 〈매불쇼〉의 영향력이 커졌기 때문에 어쩔 수 없이 한 선택일 것 같기도 하구요.

정영진 저는 개인적으로는 김갑수 씨를 좋아해요. 옳건 그르건 간에 세상과 다른 얘기하는 사람 한 명 정도는 무조건 있어야 된다고 보거든요. 그러니까 기업에도 레드 팀 같은 거 있잖아요. 오너가 결정하는 거, CEO가 결정하는 것을 무조건 반대하는 사람들이 있어야 기업 측으로 봐서도 보다 냉정하고 현명한 선택을 할 수 있다는 거잖아요. 그러니까 그게 옳으냐, 그르냐는 두 번째 문제고, 무조건 반대 논리를 펴는 사람이 반드시 필요하다고 봐요.

지승호 　악마의 변호사라고도 하죠?

정영진 　김갑수 씨가 그 역할을 되게 잘하시는 분이고, 심지어 그분이 하는 얘기가 옳은 것도 꽤 많아요.

지승호 　사실 틀린 얘기는 아니죠. 어디다 더 가치를 두느냐의 문제죠.

정영진 　근데 그 이슈로 가면 되게 조심스럽긴 해요. 솔직히 저도 그냥 저 혼자 먹고 사는 사람이라면 훨씬 더 편하게 얘기할 수 있겠지만, 저도 역시 다수의 사람을 상대로 하는 사람이고, 거기서 경제활동을 하는 사람이기 때문에 어쩔 수 없이 굉장히 조심스럽기는 한데요. 그러니까 김갑수 씨 말고도 그전에 여러 사례들을 보면 그렇구요. 저도 페미니즘 관련된 문제로 타격을 입은 사람이잖아요.

지승호   약간의 이슈가 있었죠.

정영진   저는 그거는 안 했으면 좋겠다고 생각을 하거든요. 대중이 판단할 때 그 사람이 틀린 얘기를 했어요. 그러면 오케이, 그럼 그 사람이 틀린 얘기했다고 욕하는 것은 좋아요. 근데 그 사람의 밥줄을 끊어버리자, 이거는 그 사회를 위해서도, 대중을 위해서도 좋지 않다는 생각이 듭니다. 왜냐하면 그러면 다른 얘기를 해줄 사람이 사라지는 것이기 때문에요. 잠깐 기분은 좋을 수 있어도, 그 사회, 그 공동체에는 매우 안 좋은 일이라고 생각하거든요. 그 사람에 대해서 비난하는 것은 좋은데, 대신 그 사람 밥줄을 끊는 방향으로 가지는 말자는 거거든요.

저도 그래서 그때 팬이 한참 있을 때, 저는 그나마 제가 진행하는 거고 제가 주인이라고 할 수 있는 프로그램에서는 살아남았단 말이에요. 왜냐하면 제가 하는 것이기 때문에. 그런데 그게 아니라 누군가에게 선택받아야 하는 입장이었다면 얘기가 다른데요. 저도 그런 게 몇 개 있었거든요. 예를 들어 서울시하고 저하고 뭘 하려고 그랬는데, 화난 대중이 서울시 홈페이지에 들어가서 댓글을 엄청 남겼거든요. 그 공무원들 입장에서는 그렇게 문제가 되는 사람을 어떻게 쓰겠어요? 안 그래도 댓글도 몇 개 없는데.(웃음)

지승호 무조건 문제가 되는 것은 안 하려고 하겠죠.

정영진 자기가 책임지기 싫으니까. 그러니까 그렇게 밥줄을 끊는데, 그러면 저도 당연히 그런 목소리 안 내겠죠. 사람들이 듣기 좋은 얘기만 하겠죠. 그래서 우리가 예상할 수 있는 결과는 너무 뻔하잖아요. 그러니까 다양성 없고, 그냥 사람들이 다 감정적으로 우르르 여기저기 이른바 군중 내지는 대중으로만 표현이 될 테고요. 그러진 않았으면 좋겠는데, 김갑수 선생님 같은 경우도 지금까지 그래도 용기 있게 다른 목소리를 많이 냈던 거를 좀 감안해서, 조금 너그럽게 한 번 정도는 너무 마음에 안 드는 얘기지만, 왜 이른바 '까방권'이라는 게 있잖아요.(웃음) 이번 건 너무 마음에 안 들지만, 그 정도 까방권 정도 한 번 좀 써줄 수 있는 건 아니었을까 생각을 하는데요.

어쨌든 프로그램을 책임지는 욱이 입장에서는 어쩔 수 없는 선택이었을 것 같기도 하고요. 사람들을 그렇게 화나고 분노하게 해서 프로그램이나 아니면 욱이나 아니면 누구에게도 도움이 안 된다고 판단을 했겠죠. 욱이 판단이 맞을 거라고 생각은 하지만, 욱이가 그렇게 판단할 수밖에 없게 만든 그 분위기는 좀 아쉽다는 생각은 합니다.(웃음)

지승호 사회가 전반적으로 그렇게 되는 면이 있잖아요. 대중들의 어떤 보편적인 정서를 거슬리는 사람은 발언하기 힘든 구조가 돼 가는 것 같은데요.

정영진 예를 들어 커다란 원이 있다고 치면 그 원에서 조금 가시처럼 튀어 나간 사람들이 있고, 그 경계를 벗어나는 사람들도 있겠죠. 그 경계를 벗어나 튀어 나가는 사람들이 조금 더 원을 크게 만들어 주면 그게 세상이 점점 발달, 발전하는 거라고 생각하는데요. 우리의 허용 범위가 점점 넓어지는 방향으로 가야지, 그걸 점점 줄이는 방향으로 가거나 아니면 아예 지금 있는 테두리만큼만 딱 유지하는 방향으로 가면 그것은 발전이 아닌 거잖아요. 어쩌면 그게 우리 사회가 더 이상 발전하지 않는 것을 상징적으로 보여주는 것 같기도 하고, 그러니까 1990년대 생각해 보면요. 한 30년 전에 서태지 나오고 막 이렇게 여러 사람이 튀어 나왔잖아요.

지승호 그때 뭔가 용광로 같은 게 있었죠.

정영진 뭘 해도 욕은 먹기도 하지만, 또 조금 시간 지나가면 봐주고, 용서도 해주고, 정말 말도 안 되는 음악도 막 갖고 나오는 사람들이 있기도 하고, 그런 사람들이 이상한 음악을 들고 나왔을 때 그거만큼 이상하진 않지만 기존의 음악과 그 이상한 음악이 중간쯤 짬뽕된 또 다른 음악이 나와서 새로운 영역을 만들어 주기도 하고 막 이랬잖아요. 그러니까 그런 게 결국은 쌓이고 쌓여서 2000년대, 2010년대 K-pop이나 이런 것들이 막 꽃을 피운 걸 텐데요. 지금은 그냥 틀에 박힌 음악들에 딱 그만큼만 하고 있으니까, 저는 음악은 모르지만 우리 음악의 한계를 보여주는 것 같기도 하고요. 지금 인기는 당연히 좋지만요.

지승호 대중적으로 인기가 많지만, 이 이상의 뭐가 나오기 힘들어지는 상황 아닌가 걱정도 좀 되고요. 우리 사회에 음악이라는 걸로 한 부분만 보여주는 거지만 이제 전체적으로 다른 분야도 비슷하게 경제나 기업이나 기술이나 모든 분야가 그렇게 튀고 기존 틀을 깨는 사람들이 못 나오는 방향으로 전체 분위기가 가는 것 같아서 한편으로는 좀 아쉽습니다. DJ DOC 같은 그룹들이 지금 활동할 수 있을까 싶기도 하구요.

류승완 감독님이 10년 전에 나왔던 영화 〈베테랑〉을 회고하면서 굉장히 감회가 새롭고 복잡한 것 같더라고요. 딱 10년밖에 안 됐는데 그때만 해도 영화계가 굉장히 분위기가 좋았지 않습니까? 〈베테랑〉, 〈암살〉, 〈국제시장〉처럼 동시에 천만 영화가 나오는 상황이었는데, 불과 10년 만에 지금 영화 산업이 거의 무너져가는 상황이 되었는데요. 뉴미디어 업계에서도 야후나 라이코스 이런 기업들이 지배하던 시기가 그렇게 오래전이 아니었던 것 같아요. 그런 미디어들이 미디어의 왕자였다가 어느 순간 사라지고, 이런 걸 지켜보셨는데 지금은 유튜브가 왕자가 됐는데 이 상황이 계속 갈 거라고 보시나요? 변화가 있을 거라고 보시나요?

정영진   저는 새로운 미디어를 대체로 좀 빨리 받아들이고, 거기에 잘 적응했던 사람 중 하나인 것 같아요. 팟캐스트든 유튜브든 대체로 잘 적응했던 사람인데요. 지금은 유튜브를 뛰어넘을 뭐가 보이진 않잖아요. 그동안에도 여러 도전이 좀 있었지만, 영상이라는 것 자체가 아주 몰락하지 않는 이상은 유튜브를 대체하기는 쉽지 않을 것 같고요. 우리가 정보를 받아들이는 데 있어서 가장 빠른 게 시각 정보잖아요. 그 시각 정보에서도 텍스트나 이런 것보다도 빨리 우리를 사로잡는 건 움직이는 동영상이기 때문에 유튜브를 대체할 뭔가가 있을 수 있을까? 지금까지는 모르겠어요. 없는 것 같아요. 아직은 그렇죠. 당분간은 나오기 쉽지 않을 것 같고. 근데 그 변화라는 게 보면 전에 기존 미디어에서 영화라든지 이런 거에서 점점 유튜브로 바뀐 거는, 하다못해 극장을 가도 내가 극장 시간에 나를 맞춰야 하잖아요.

지승호   그렇죠,

정영진   혹은 TV가 나오면 TV편성표라는 게 있는데, 그 편성표에 맞취서 내가 보고 싶은 게 있으면 그 시간에 맞춰야 하는 건데요. 이제 시간 맞춰 보는 그 시대는 끝났다는 건 다들 인정하실 것 같고요. 내게 맞춘 영상, 내가 좋아하는 영상들을 맞춰주는 그 유튜브 이상은 당분간은 어려울 것 같고, 그럼 그다음 스텝이 뭘까? 내가 나의 입맛에 맞는 영상, 그다음에 내가 보고 싶은 시간에 볼 수 있는 영상, 내가 보고 싶은 장소에서 볼 수 있는 영상까지는 이미 다 우리가 이루어낸 것 같고, 그다음 스텝은 내가 만드는 영상 같아요. 굳이 따지면 과거에는 내가 영상을 만들어 내가 내 시간에 맞게 내 공간에 맞게 보는 것조차도 상상하기 어려웠지만 지금은 유튜브가 다 해내잖아요. 어디서든지 가능하게. 근데 내가 만드는 영상도 과거에는 내가 영상 만들려면 큰 비싼 카메라에 편집기기에 뭐가 다 있어야 했지만 지금은 말 그대로 AI가 해주니까요.

지승호   그렇죠. 핸드폰만 있으면.

정영진   그걸 얼마든지 만들 수 있잖아요. 그러면 내가 만드는 영상을 내가 보는 게 과연 매력적일까, 크게 그렇지는 않을 수 있는데 적어도 나에 맞춘 영상들을 수많은 콘텐츠 중에 골라보는 거지만 이제는 그 만드는 사람도 어쨌든 지금까지는 만드는 사람이 극소수였다가 소수였다가 이제 다수가 되는 정도의 단계는 온 것 같아요. 그 다수가 서로서로 만들어서 내가 나의 네트워크에 있는 사람들과 함께 공유하고, 내가 만든 영상을 공유하는 사람들이 네트워크가 되고, 그런 변화가 지금 생겨나는 것 같아요. 내가 만든, 내가 좋아하는 영상을 보는 사람들만 모이는 게 지금 현재라면 예를 들면 인스타 같은 데에서도 보면 내가 찍은 사진을 공유하는 사람들이 나의 네트워크인 거잖아요. 이제는 내가 만든 영상을 공유하는 사람들이 나의 네트워크가 되는 거고, 혹은 내 네트워크에 있는 사람들과 그 사람들이 만든 영상을 공유하는 거 그 정도가 지금 달라진다면 달라질 수 있을 시기인 것 같고요.

그다음에 AI가 어쨌든 불가피하게 제일 크게, 그 기술의 변화를 가져올 키워드인 것 같습니다. 그다음에 미디어의 변화는 아마 로봇이 물리적으로 우리 생활을 좀 많이 바꿀 것 같긴 한데요. 로봇이라는 거는 휴머노이드 형태일 수도 있고, 아닐 수도 있는데 그 로봇이나 AI가 내가 보고 싶어 하는 영상이나 내가 만들고 싶어 하는 영상도 나에게 푸시를 해줄 것 같아요. 그러니까 지금은 내가 보던 알고리즘을 잘 봐서 그다음 영상을 나한테 추천 정도 해주는 거라면 이제는 내가 영상 만드는 거, 내가 영상 만드는 데 필요한 여러 소스들, 그 영상들을 이 친구들이 다 알아서 추천 내지는 푸시를 해주는 그 정도가 앞으로

다가올 영상이랑 영상 시대인 것 같습니다. 그러면 여기서 기존에 영상 만들던 사람들은 뭘 할 수 있을까, 사람들이 영상 만들 때 뭘 필요로 하는지 정도의 소스를 잘 밀어주거나 아니면 그 예시를 잘 들어주는 정도의 일 말고는 크게 할 게 있을까 하는 생각은 좀 들죠. 점점 입지가 좁아질 것 같기는 해요. 그 정도가 지금 현재 제가 생각하는 정도입니다.

4부

왜 젊은이들이
우울할까?

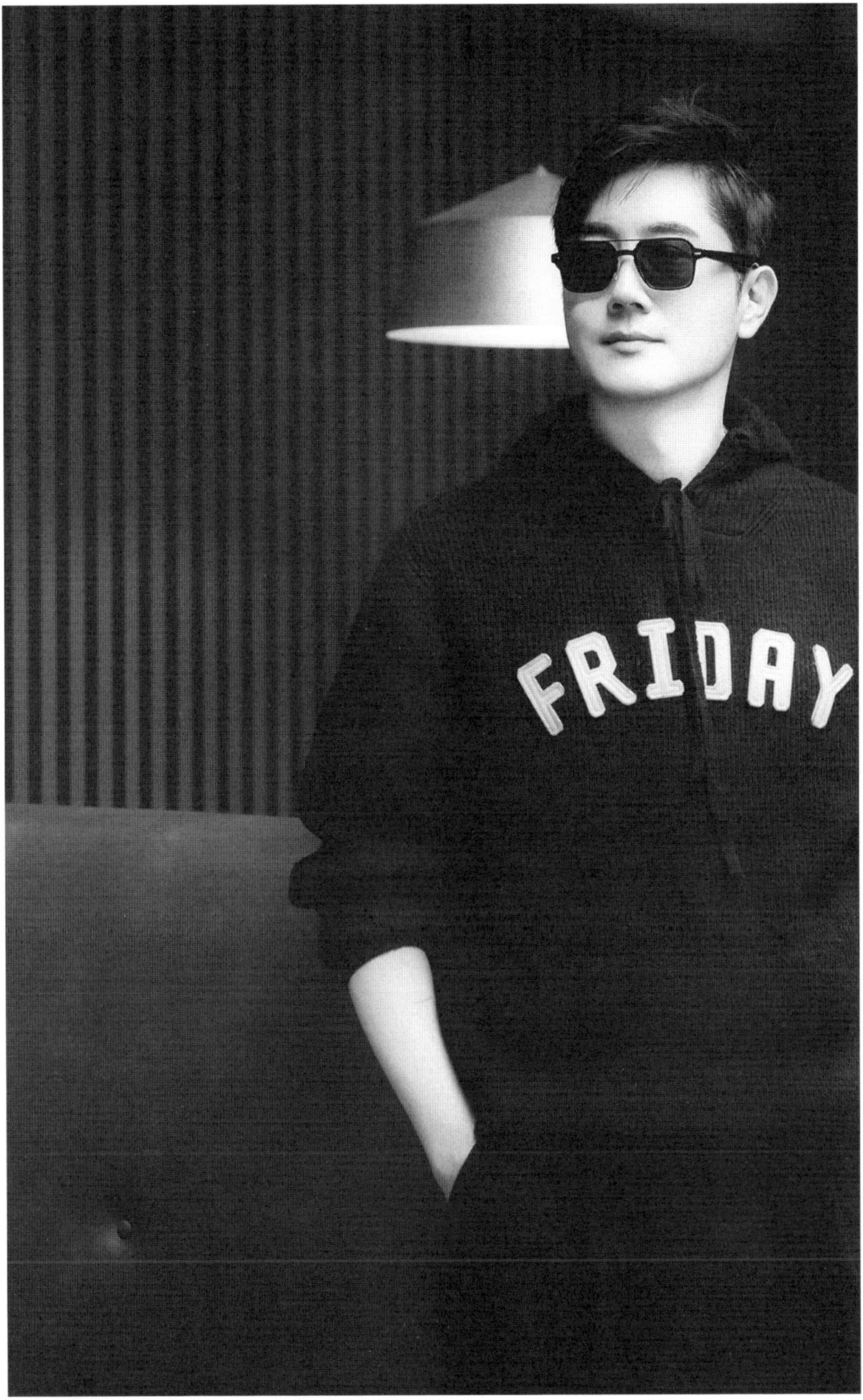
FRIDAY

'적정 성공'에 관한 채널 구상 중

지승호   오늘은 지난번에 말씀하셨던 적정 기술에 관한 얘기로 시작해볼까요? 그건 어떻게 구상을 하게 되신 건가요?

정영진   제가 원래 자기계발서 이런 걸 썩 좋아하는 편은 아닌데요. 요즘 많은 젊은 분들이 우울한 이유가 뭘까, 이런저런 것을 고민을 좀 해봤습니다. 보통 하고 싶은 것 혹은 되고 싶은 것과 현재 내 모습의 괴리가 너무 크면 우울해지기도 하잖아요.

지승호   그렇죠.

정영진   그게 많이 있는 것 같기도 하다는 생각을 좀 하거든요. 물론 여러 이유가 있겠죠. 남과 비교하고 이런 건 기본적으로 있는 거고요. 그 외에 또 뭐가 있을까를 고민하다가 생각을 한 건데요. 자기계발서 이런 것을 보다 보면 죄다 '천만 원으로 100억 만들기', '워렌 버핏처럼 투자하기' 뭐 이런 거잖아요. 세계 최고의 투자가 혹은 세계 최고의 혁신가, 발명가 이런 사람들을 보면서 꿈을 키우는 것은 물론 좋은 일이고, 그 사람들처럼 되려고 노력하는 것도 좋은 일이긴 한데요. 당연히 모두가 그렇게 될 수도 없는 노릇이고, 그 사람처럼 한다고 해서 그 사람의 반이나 그 사람의 10분의 1 정도의 성공이라도 보장되는 건 당연히 아니잖아요.

지승호 그렇죠. 그 사람만의 특별한 뭔가가 있는 경우가 많겠죠.

정영진 그리고 그 사람에게 주어진 환경도 있을 수 있는 건데요. 제가 생각한 게 결국은 우리가 좀 덜 우울해지는 방법, 그러니까 덜 불행한 방법, 방향이 뭘까 이렇게 생각을 하다가 적정 기술이라는 거를 생각해봤습니다. 요즘은 조금 트렌드는 지나간 것 같긴 하지만, 예전에 적정 기술이라는 게 10여 년 전 막 유행을 했던 때가 있었던 것 같아요. 뭐였냐면 아프리카라든지 아니면 제3세계 혹은 좀 소득 수준이 낮은 나라들에 있어서 그 나라 사람들에게 이른바 선진국이라고 하는 데서 아주 뛰어난 기술로 만든 어떤 첨단 기기나 좋은 기계 같은 거를 주더라도,

아니면 어떤 시스템을 거기에 주더라도 그것을 그들이 활용을 못하면 그냥 다 쓰레기처럼 되는 것 같더라고요. 그래서 그걸 그들의 환경에 가장 최적화된, 어찌 보면 우리가 볼 때는 좀 후진적이거나, 혹은 기술 같지도 않은 게 그들에게는 지금 매우 필요한 걸 수도 있잖아요.

예를 들면, 앞에서도 이야기했지만 지금 우리가 흙탕물을 걸러 마셔야 하는 저개발국에 웅진 코웨이 정수기를 보내준들 과연 도움이 될까요? 그보다는 그냥 맨물을 쭉 빨아 먹으면 바로 걸러지는 '생존 빨대'가 그들의 건강에는 훨씬 더 유용하잖아요. 그런 것처럼 우리 젊은 세대들이 워렌 버핏이나 일론 머스크를 보면서 잠깐 한두 달 따라 하다가 '난 안되겠다' 이렇게 좌절하고, 그냥 불행해지기보다는 차라리 지금 내가 처한 환경에서 그래도 내 생존에 가장 도움이 되고 내 행복을 조금 더 추구할 수 있는 방향의 성공을 위해서 노력하는 편이 차라리 더 좋은 게 아닌가 생각을 해봤습니다.

이게 적당히 성공하자는 게 아니고, '나한테 제일 최적화된 성공이 뭘까? 이걸 차라리 고민해 보는 게 낫지 않겠나?' 그 생각을 요즘 많이 하고 있거든요. 그래서 어떤 닿을 수 없는, 혹은 거의 실현 불가능한 일들을 우리가 다들 목표로 똑같이 정해놓고 가지 말고, 먼저 내 환경을 잘 살펴보자는 건데요. 왜냐하면 적정 기술에서 가장 중요한 건 '현재 그들이 처해 있는 환경이 무엇이냐?'일 거잖아요. 거기가 비는 많이 오는데 물이 더럽다든지, 아니면 비 자체가 없어서 땅을 좀 많이 파서 지하수를 끌어올려야 되는 곳이라든지, 아니 그런 건 괜찮은데 학교가 없어서 아이들이 교육을 못 한다든지, 그런 환경이 있을 거잖아요. 하여튼 딱 그들에게 필요한, 그리고 그들에게 부족하거나 중요한 것들이 뭔지를 파악하는 게 가장 중요한 일이듯이 적정 성공에도 지금 내가 처한 상황이 뭐고 나한테 필요한 게 뭔지를 먼저 파악하는 게 제일 중요한 것 같다는 생각이 듭니다.

그냥 적당히 100억이니 50억이니 이런 막연한 숫자를 내 경제적 목표로 정할 게 아니고, 내가 정말 내 남은 인생에 예상되는 연도, 그리고 거기에서 내가 필요한 경제적인 자원은 어느 정도인지, 그리고 내가 정말 원하는 게 어떤 경제적 성공인지 아니면 경제적 성공은 전체 노력의 한 30퍼센트 정도만 하더라도 그 외에 다른 것들을 또 원하고 있는지 이런 것들을 좀 파악을 해서 내가 그걸 펼칠 만한 환경에 놓여 있는지 등등을 고려해서 자신의 성공 스토리를 스스로 쓰고, 거기에 맞게 나의 변화를 추구하는 방향으로 가면 좋겠다는 생각을 좀 한 거죠. 그래서 적정한, 나에게 딱 맞는 성공 모델을 내가 정하고 그다음에 그 모델에 맞는 성공 방식 같은 것도 내가 정하고, 그렇게 하는 게 가장 바람직하겠다, 그리고 가장 실현 가능한 것이 되겠다는 생각을 좀 한 거예요. 어쨌든 비슷한 얘기가 있었을 수도 있는데, 지금 제가 서점이나 인터넷 같은 데 보면 너무 허황되거나 너무 높은 목표들만 정하는 경우가 많은 것 같습니다. 당장 눈에는 좋아 보이니까 가긴 하는데, 그게 결국은 내 삶을 갉아먹는 잘못된 선택일 수도 있는 거고, 나를 자꾸 더 우울하고 슬프게 만드는 일일 수도 있고, 그런 생각을 요즘 좀 많이 하고 있습니다.

지승호 어떻게 보면 아무것도 아닌 것 같은 공기가 일정한 시간 주입이 안 되면 사람이 죽는 것처럼 이 '적정'이라는 게 어떻게 보면 그 상황에서 사람에게 필수적인 조건일 수도 있는데요. 사소해 보이지만, 현재 가장 필요한, 오히려 더 필수적일 수 있는 그런 게 있을 수 있다, 그런 것부터 챙기자 이런 말씀인 것 같기도 합니다.

정영진 네. 맞습니다. 그리고 우리의 모든 기준과 성공의 모든 여부가 다 돈으로 결정되는 것 같은데요. 당연히 그 경제적인 거는 기본적으로 필요한 것 같긴 해요. 그건 필수적이고, 그건 없어선 안 될 거는 맞는데요. 그게 전부는 당연히 아닐 거잖아요. 그래서 저도 요즘에 굉장히 바쁜 일정을 소화하면서도 꾸준히 미술

관을 간다든지 아니면 무슨 공연 같은 것을 보려고 노력을 하고 있어요. 저는 사실 되게 문화적인 자본이 없는 사람이에요. 왜냐하면 대전에서 자라면서 한 번도 공연이나 미술관 이런 거 본 적도 없고, 무슨 음악 학원, 미술 학원 다닌 적도 없거든요.

지승호 책은 많이 보셨잖아요.(웃음)

정영진 예전에 책은 좀 봤습니다만, 그런 문화 자본이 너무 없는 사람이라 지금도 제가 아름다움을 추구하는 혹은 아름다움을 판단하는 그 눈이 없어요. 그러면 사람이 되게 빈곤해지는 것 같더라고요. 저는 옷도 잘 못 입고, 모든 걸 다 기능적으로만 이해하려고 했던 사람이거든요. 그러니까 제 손목시계를 예로 들자면, 시간은 사실 핸드폰을 보면 되니까 큰 의미는 없고, 이건 혈압을 재주는 등 거의 건강 체크기 같은 거라서 12만 원인가 주고 산 것이거든요. 저한테는 이 이상의 손목시계가 필요가 없다고 생각을 해요. 하지만 어떤 이들은 손목시계에 500만 원, 천만 원 혹은 그 이상의 돈을 지불하기도 하잖아요. 물론 이게 부의 과시처럼 막 경쟁하는 것도 썩 좋은 건 아닌데, 꼭 그게 부의 과시가 아니라 그 시계에 담긴 무슨 역사라든지 비슷한 모양이라도 약간의 특이한 디자인 혹은 각도 혹은 손에 착용했을 때 어떤 느낌 이런 것들을 되게 중요하게 보는 사람들이 또 있더라고요. 저는 아직 100만 원짜리 그림도 집에 걸어본 적이 없는데, 사실 100만 원이면 그 돈으로 다른 것도 많이 할 수는 있잖아요. 맛있는 삼겹살을 사 먹어도 한 50인분 이상 사 먹을 거고요. 근데 50인분 이상 삼겹살을 내가 더 먹는 게 나에게 좋은 건지 아니면 아주 비싼 그림은 아니지만 100만 원짜리 그림이라도 내 거실에 걸어놓고 아침저녁으로 보면서 어떤 만족감을 얻는 게 더 좋은 건지, 여기에서 저는 완전 전자 쪽이었죠. '그냥 지하상가에서 한 3만 원짜리 액자 하나 사면 되지. 그림을 100만 원짜리를 사서 걸어놓냐?' 이런 생각을 하던 사람인데요. 요즘 들어서는 제가 뭐 배에 기름이 껴서 그런 건 아니고, 그렇게 아름다움이라는 가치에 대해서 모르고 그냥 배 채우고 그냥 뭐 하고 사는 삶이 그렇게 꼭 아름다운 삶, 좋은 삶은 아닌 것 같더라고요. 행복한 삶은 아닌 것 같고. 그래서 저도 조금씩 노력을 더 하고는 있는데요.

그런 것처럼 꼭 경제적으로 50억, 100억이 꼭 있어야 하는 게 아니고 어느 정도의 경제적 필요조건만 충족되면 그다음에 추구할 수 있는 가치는 또 여러 개가 있는 거잖아요. 물론 어떤 사람은 그냥 돈이라는 가장 교환하기 좋은 수단을 가지고 그때그때 필요한 걸 누군가와 바꿀 수는 있겠지만 그걸 알아보는 눈이 없다면 그게 즐겁지가 않을 거예요. 그런 아름다움을 알아볼 수 있는 눈이 없다면. 그러니까 그걸 키우는 데도 저는 요즘 투자를 하고 있고, 다른 사람들도 점점 그런 것들을 하려고 노력할 수도 있겠죠. 혹은 건강이든 아니면 다양한 분야의 노력을 할 텐데요.

그런 것이 예를 들어 '적정 성공'이라고 한다면, 경제적으로는 내가 아주 곤궁에 빠지지 않을 정도의 안전망 정도를 쳐 놓고, 그다음에 취미생활, 음악이 됐든 미술이 됐든 혹은 내가 외국어를 배운다든지 등등 여러 가지 것들을 추구하면서 내 행복을 찾아가는 정도면 적정 성공의 범주에 들지 않을까 하는 생각을 합니다. 그래서 '내가 100억 목표로 했다가 30억으로 낮추는 게 적정 성공이 아니고, 내가 필요한 경제적인 정도 그다음에 내 삶의 질을 높여줄 혹은 내 행복을 찾아줄 그 외의 어떤 것들에 대한 투자와 투자에 대한 인컴 이런 것들이 다양하게 있는 것이 적정 성공인 것 같다'고 생각하는데요. 그거는 반드시 그렇게 어렵거나 불가능한 일만은 아니라서 본인이 노력하기에 따라서 충분히 그전의 성공 기준보다는 훨씬 더 낮은 기준으로도 얼마든지 만들어낼 수 있는 게 적정 성공이 아닌가, 그래서 좀 많은 사람이 다 같이 성공했으면 좋겠다는 생각을 하고 있습니다.

지승호 성공 기준이 다양해지면 자기가 성공했다고 느낄 수 있는 사람도 많아질 수 있겠네요.

정영진 그렇죠. 우리는 너무 돈, 아파트 평수 이런 걸로만 성공의 척도로 삼는 사람이 많잖아요.

성공에 관한 다양한 기준이 생겨야 한다

지승호 '경제나 이런 부분을 좀 쉽게 설명하자' 이런 취지로 〈삼프로TV〉를 만드셨잖아요. 그걸 채우는 콘텐츠들이 〈삼프로 TV〉 포맷을 통해서 보여지는 셈인데요. 적정 성공에 관해서 어떤 콘텐츠들을 가지고 어떻게 채우고 싶은지, 그런 상 같은 것이 있나요?

정영진 네. 그걸로 시작을 했으니까 지금도 삼프로에서 투자와 관련된 건 기본으로 하고 있지만, 그 외에도 콘텐츠들이 많이 있어요. 예를 들면 종교 시리즈도 있고, 전 세계 다른 나라 이야기들, 다른 문화 이야기들을 하는 것도 굉장히 많고, 그다음에 심지어 예술 관련된 콘텐츠도 꽤 나왔고요. 또 철학과 관련된 얘기들도 좀 있어서 그런 걸로도 다양한 분들의 다양한 니즈를 채우거나 아니면 그분들이 필요하다고 생각하지 않았는데, 그 필요함을 어쩌면 저희가 느끼게 해 주기도 하고요. 왜냐하면 홈쇼핑 보면 원래 필요하다고 한 번도 생각 안 했는데, 그걸 보면서 '내가 저게 필요하다'고 생각을 하잖아요.(웃음) 그러니까 마찬가지로 삼프로도 원래 그런 거 한 번도 생각 안 하셨다가 '우연히 봤는데 보다 보니 저런 세상도 있구나' 혹은 '저런 다양한 재미도 있을 수 있구나' 이런 것들을 느끼시면서 인생의 다양한 성공의 그림들을 그리실 수 있을 것 같기도 하고요.

그다음에 제가 지금 만들고 있는 콘텐츠가 교양 쪽이 좀 많긴 한데요. 그런 것들도 어찌 보면, 예를 들어 40세 됐는데 과학에 갑자기 관심을 갖는 것도 예전 기준으로 보면 되게 웃긴 건데, 그런 거 좋아하시는 분들이 생각보다 많거든요. 천체망원경을 새로 사거나 아니면 현미경을 사서 집 안의 이것저것 막 살펴보고 이런 것도 되게 좋은 거라고 생각하거든요. 그런 과학적인 경험 같은 것들을 해주게 하는 것도 있고, 그다음에 제가 오래 하고 있는 그 책 콘텐츠도 있고, 그다음에 아직 시작은 안 했는데 지금 제가 말씀드린 것 같은 그런 내용의 콘텐츠도 지금 기획을 하는 게 있어서요.

꼭 성공이라는 걸 막 얼마 벌어야지, 나중에 무슨 차 사야지, 어디 집에 살아야지 이런 것만 갖고 매달리지 않아도 되는, 그리고 그런 생각들이 좀 많이 퍼지게 하고 싶습니다. 그럴 수밖에 없다고 저는 생각을 해요. 왜냐하면 우리가 지금까지 1960년대, 1970년대, 1980년대, 1990년대 쭉 지나면서 성장을 그래도 꽤 많이 잘해온 나라잖아요. 막 정신없이 성장하는데 다른 거 돌아볼 시간도 없었고, 오로지 그냥 앞으로 막 나가는 거에 모두가 몰빵하듯이 했던 시절이니까 경제적인 성장, 돈으로 딱 숫자 찍히는 거 이게 성공의 기준이었을 수도 있을 것 같은데요. 다른 거 볼 틈이 없었으니까.

근데 우리나라도 더 이상 그런 성공을 할 수 있는 나라는 아니니까 이제 그런 성장이 멈추면 단 하나의 기준으로 막 열심히 달려오던 말이 양쪽 눈 옆을 다 가리고 앞만 보고 가는 그 시대는 이제 끝난 것 같아요. 그러면 자꾸 주변을 돌아보게 될 거고, 뒤도 돌아보게 될 거고, '그럼 나는 왜 이렇게 사는가? 무엇을 위해서 사는가?'에 대한 생각들을 많이 하실 거고요. 그러다 보면 이렇게 미친 듯이 돈에 매달려서 사는 거 말고도 다양한 삶이 있을 수 있다는 거, 그리고 꼭 그게 누구랑 비교를 해서 내가 창피하거나 아니면 내가 그 사람에게 졌다, 이런 생각만 할 필요는 없는 거니까요. 그런 시기가 이미 도래했고 앞으로 훨씬 더 그게 강해질 것 같고, 그다음에 이거는 좀 확신할 수는 없지만, AI 시대가 본격적으로 도래하면서 정말 아주 극소수의 사람들에게 부가 급격히 쏠릴 것 같습니다. 지금은 그래도 상위 1퍼센트, 2퍼센트 이 정도 되는 사람들을 부자라고 친다면 그 사람들보다 훨씬 더 적은 숫자만 진짜 부자로 남을 거고 나머지는 비슷하게 떨어지거나 하여튼 양극화는 굉장히 심해질 거라고 보거든요. 그럼 그 상황에서 내가 즐거움을 느끼고 행복을 찾으려면 돈 쫓는 거는 아주 힘든 일인 것 같고요. 그러면 그 외에 나머지 것에서 좀 찾아서 각자의 성공 스토리도 써보고 그렇게 할 수밖에 없는 상황이 된 것 같아요. 그렇게 하면 더 좋을 것 같기도 하고, 그런 거 관련된 콘텐츠, 제가 보는 미래가 만약에 맞다면 거기에 맞는 콘텐츠를 준비하고 있습니다.

나도 적정 성공인 중 하나라고 생각한다

지승호   선생님 스스로가 성공이라는 개념에 대해서도 고민을 많이 하셨을 것 같고, '이런 사람들을 성공의 롤 모델로 보여주고 싶다' 이런 분들도 좀 생각하셨을 것 같은데요.

정영진   그러니까 저는 제 자신이 그 적정 성공인이라고 생각하려고 하는데요. 저는 경제적으로 보자면 아주 없는 건 아니지만, 그렇다고 사람들이 막 입 벌릴 만큼의 부자는 당연히 아니죠. 그리고 생활패턴은 조금 일이 많아 보이긴 하나 그래도 대체로 제가 하는 일들은 누군가에 의해서 선택받고 누군가에 의해서 결정되는 일이 아닌, 그러니까 제가 결정하면 되는 일이 많은 편입니다. 다른 사람들은 어떻게 평가할지 모르지만, 저는 이것도 나름대로의 성공이라고 봐요. 누구 말을 들으면서 일하는 게 물론 편한 사람도 있겠지만, 저는 그게 별로 편하지 않고 스스로 결정해서 하는 것이 제가 원하는 삶인 거죠. 그리고 언제든, 언제든까지는 아니지만 하여튼 제가 진짜 독한 마음을 먹으면 다 그만둘 수도 있고, 아니면 제가 지금 하고 있는 일 중에 당장 5년, 10년 안에 그만둬야 할 일은 아마 없는 것 같아요. 제가 누군가에 의해서 잘릴 일은 없는 것 같습니다.(웃음) 그러니까 그런 것도 '자기가 스스로 결정할 수 있는 게 얼마나 많으냐'의 기준으로 보면 꽤 성공한 편인 거고, 제가 하는 일이 예를 들면 과학이나 책이나 아니면 그냥 무슨 예능 콘텐츠든 이런 것들도 제가 관심 있고 궁금해하고 할 때마다 그래도 하나씩 배워가는 게 있으니까 저는 더 좋은 거거든요. 일하면서도 제가 잘할 수 있는 것 같기도 하고, 또 제가 하면서 도움도 되는 그런 일들을 좀 하고 있어서 이런 정도 일을 내가 선택해서 하고 있고, 그다음에 이 정도 경제적인 보상을 받고 있고, 누구에게 흔들리지 않을 정도가 된다면, 제 기준에서는 적정하게 성공한 사람인 것 같다는 생각이 듭니다. 그리고 앞으로도 그렇게 갈 것 같구요. 물론 무슨 자연재해가 있을 수도 있고, 제가 컨트롤할 수 없는 변수야 언제든지 있을 수 있는 거지만, 그건 제가 어쩔 수 없는 거고요. 그런 거 외에는 꽤 나쁘지 않은 삶을 사는 것 같다는 생각을 좀 하고 있습니다. 그래서 롤모델을 저나 우리 작가님이 알 만한 되게 유명한 사람은 이 적정 성공인일 가능성은 좀 덜한 것 같은데요. 지금 당장 생각나는 사람은 별로 없긴 하지만, 제가 알기로는 작가님도 적어도 인터뷰어로서는 우리나라에서 가장 유명한 분 아니에요?

지승호   아닙니다.

정영진   아. 또 있나요? 모르겠어요. 저는 제가 아는 사람이 별로 없어서 그런가, 모르겠는데요. 우리나라에서 인터뷰어로 이렇게 책을 많이 내시고, 또 유명한 분들과 같이 공동 작업하시고 하는 것도 사실 결코 쉬운 일은 아닌 것 같거든요. 물론 그게 우리 작가님이 정말 좋아서 하시는 일인지 이건 잘 모르겠어요. 내면적인 건 모르겠지만, 그냥 겉으로 보기에는 충분히 자신이 좋아하는 일을 하시면서, 또 본인이 궁금해할 만한 사람들 이렇게 만나시면서 인터뷰하시고, 적어도 인터뷰어로서 우리나라에서 정말 탑인지는 모르겠지만 하여튼 적어도 다섯 손가락에 무조건 드실 테니까 저는 그 정도면 굉장히 훌륭하시지 않나, 그리고 경제적으로는 잘 모르겠습니다만 그거는 좀 채워 나가셔야죠.

적정 성공을 저는 이렇게 보고 있고, 그런 분들이 은근히 많은 것 같아요. 예를 들면 제 주변에도 무슨 요리를 하시는데, 가게가 크지도 않고 그냥 테이블 6개인가 정도 있는 작은 가게인데도 불구하고 본인이 행복해해요. 손님들의 만족도가 대단히 높고, 그래서 그 만족하는 손님들 보면서 사장님도 또 만족해하시고, 그런 것도 역시 마찬가지로 그분이 엄청 돈이 많진 않지만 안정적인 경제 생활하시면서 본인이 좋아하는 일 하시고, 또 그분은 식당인데도 주 7일 하시지 않고, 어떨 때는 막 2주씩 놀고 그러시더라고요. 하여튼 본인이 얼마나 본인의 삶을 컨트롤할 수 있는가는 매우 중요한 것 같긴 해요. 그래서 그런 것들도 잘하시는 분들도 계시고, 저도 계속해서 적정 성공에 대한 고민을 좀 해나가는 시기라 정확한 기준을 딱 세운 건 아니지만 적어도 제가 외부의 어떤 공격까지는 아니지만 외부의 어떤 방해나 아니면 여러 공격에 내가 얼마나 나와 내 가족을 지킬 수 있는가 이거는 기본적인 조건이 좀 되는 것 같은데,

경제적인 게 이건 좀 크겠죠. 그러니까 이게 된다면 그다음에는 내가 내 삶을 얼마나 컨트롤할 수 있는가, 이게 굉장히 중요한 기준 중 하나인 것 같고요. 그 외에 내가 좋아하는 일을 하고 있는가, 좋아하는 일에 얼마나 시간을 투여하고 있는가, 이런 거 정도가 중요한 몇 가지 기준 중 하나가 될 것 같아요. 그런 기준들을 이 책 보시는 분들도 한번 쭉 생각해 보시면 여기에 '내가 이 정도면 괜찮아'라고 하시는 분들이 생각보다 많지는 않을 거예요. 그래서 그거를 본인이 점점 만족하는 방향으로 방향 설정을 해서 조금 하기 귀찮은 일, 당장은 좀 어려운 일 이런 것을 좀 해 나가야죠. 저도 제가 하고 싶은 일이나 아니면 제가 컨트롤할 수 있는 일만 하게 된 과정이 쉽지는 않았을 거 아니에요?

지승호　그렇겠죠.

정영진　그래서 내가 하기 싫은 일도 해야 하는 경우도 있었고, 내 능력 밖의 일도 맡아서 하다가 창피함도 좀 당했고, 아니면 사람들이 싫어하는 얘기도 좀 하다가 욕을 많이 먹기도 했거든요. 앞으로도 또 있겠지만 이런 현재 모습이 있다고 한다면 그런 어려운 과정들은 당연히 좀 견뎌내야 하는 것 같습니다. 아무리 적정한 성공이라도 그냥 편하게 갈 수 있는 건 세상에 없을 것 같으니까요. 그 정도 대가는 치르는 게 맞는 것 같아요.

지승호   지금까지 해오신 것처럼 선생님이 화두를 던지고 '같이 찾아 보자' 이런 의도인 것 같네요.

정영진   맞습니다. 제가 정답을 제시하는 건 아니고요.

지승호   새로 사이트를 만들 건가요?

정영진   예를 들면 유튜브 채널 같은 걸 하나 만들 생각이고요. 그다음에 그 채널에서는 이전에 제가 했던 것보다는 사람들과 소통을 훨씬 더 많이 하는 그런 채널이 될 가능성이 좀 커서 기쁘고요. 적정 성공에 대한 사람들의 의견을 좀 많이 받으면서 적정 성공이라는 그 개념을 조금 더 완성해 나가고 싶은 것도 좀 있습니다. 아마 머지않은 시기에 나올 것 같아요.

지승호   혼자 하시는 건가요? 아니면?

정영진   대체로 혼자 할 거예요. 누구랑 같이하기는 제가 능력도 안 되고, 혼자 하는 게 마음 편할 때도 있고, 장단점이 좀 있더라고요.

지승호   아무래도 함께 하시면 상대방의 취향이나 컨디션도 맞춰줘야 할 테니까요.

정영진   그리고 제가 책임을 그 사람의 것까지 져야 하는 경우들이 종종 있어서 그냥 차라리 혼자 고스란히 책임질 수 있는 방법으로 가려고 합니다.

지승호   선생님의 색깔이 가장 잘 드러나는 채널이 될 수 있겠네요.

정영진   그렇겠죠. 왜냐하면 혼자 하는 채널은 어쩌면 처음일 수 있어서요. 완전히 혼자 하는 건 처음인 것 같은데요.

새 정부에서는 동적 균형감 가진 채널로 만들어가고 싶다

지승호   다양한 영역에서 활동을 하고 계신데요. 지금 지난해 12·3 계엄 이후에 한국 사회를 보면 '우리 사회가 굉장히 앞서 나간 부분도 있지만 굉장히 후진적이고 답답한 시스템도 갖고 있구나'라는 걸 느끼는 상황이잖아요. 그런 상황에서 〈삼프로TV〉나 〈장르만 여의도〉 이런 채널을 통해서 정치, 경제 얘기를 하고 계신데, 새 정부 들어서고 어떤 방향으로 방송을 끌고 나가고 싶다는 목표가 있나요? 프로그램을 통해서 어떤 메시지를 전하고 싶다거나.

정영진 새 정부라서 바뀔 거는 별로 없는데요. 예를 들면 삼프로 같은 경우 굳이 새 정부랑 접점을 찾자면요, 어떤 정부가 들어서든 저희가 큰 상관은 없지만, 강력하게 얘기한 것 중에 하나가 상법 개정, 자본시장법 개정, 주주 권리를 좀 강화하는 방안에 대해서 노력을 많이 한다고 하니까요. 삼프로가 얘기를 많이 했었거든요. 그거를 제대로 잘 지켜나가는지에 대해서 우리도 좀 감시라고 하기에는 너무 좀 오바스럽긴 합니다만, 잘하는지 지켜볼 예정이긴 하고요.

상법 개정이라는 건 큰 주제지만, 세부적으로 어떻게 주주의 권리를 더 보장을 할지, 꼭 주주의 권리뿐만이 아니라 이해관계자라고 할 수 있는 소비자들의 권리도 생각해봐야 할 것 같습니다. 그냥 주주의 권리만 챙긴다고 기업이 반드시 성공하거나 잘했다고 할 수는 없는 거거든요. 당연히 회사에 경영자가 있으면 주주도 있는 것이고 또 직원들도 있는 것이고, 소비자들도 있는 것일 텐데요. 경영자가 잘 결정을 해서 직원들이 약간의 행복감을 느끼면서 회사를 다닐 수 있을 정도, 혹은 행복감까지는 오버지만 적어도 회사 다니는 게 너무나 힘든 일이거나 정말 이러지는 않아야 할 거 아니에요. 그러니까 그런 거 정도를 하는 회사 내 분위기도 만들고, 혹은 주주들의 권리를 대주주 혹은 오너, 경영자가 완전히 주주들의 권리에 반해서 어떤 자기만의 이익을 취하는 그런 행동들을 못하게 잘 감시하는 거 이런 것들도 해야 되는 거고요. 그건 상법 개정이랑 밀접한 관련이 있는 것 같고요.

그다음에 소비자들도 무조건 이익을 취하는 대상만이 아니라 이 소비자들이 결국은 이 회사를 성장시키는 가장 큰 에너지라는 것을 회사들이 알고, 한 번에 그냥 다 빼먹는 게 아니라 끊임없이 같이 공존해 나갈 방법들 같은 것에 대한 이야기까지 삼프로에서는 경제적인 부분에서 노력을 좀 할 겁니다. 그 외에도 정부가 엉뚱한 데 너무 돈을 많이 쓴다든지, 아니면 그냥 일회성 혹은 소모성으로 민심 혹은 그냥 여론에 쏠려서 결정을 하지는 않는지도 당연히 우리가 좀 지켜볼 거고요. 거기에 대해서 만약에 문제가 있다면 저희는 어떤 정부가 들어서든 문제 제기를 할 예정이고요. 그건 〈삼프로 TV〉의 경우에 그렇습니다.

그리고 〈장르만 여의도〉 같은 경우는 정치 토크쇼이면서도 늘 제작진들이랑 얘기하는 거는 정치 얘기도 물론 중요하고 우리가 또 장르만 여의도라는 이름도 갖고 있으니까 정치가 주는 되겠지만요. 정치 외적인 이야기들, 좀 교양을 쌓을 수 있는 그런 콘텐츠도 해보자고 얘기는 했어요. 지금 일부 경제 코너도 좀 있긴 한데, 경제에서 문화예술 쪽으로도 넘어갈 예정이고요. 정치도 매우 중요한 이슈긴 하지만 그 외의 것들도 찾아서 사람들한테 전하고 싶거든요. 제가 아까 적정 성공에서도 얘기 했던 것 있잖아요. 사람이 돈만으로 안 되듯이 정치 얘기만 해서도 안 되는 것 같아요. 정치라는 게 중요한 하나의 주제일 수는 있지만, 너무 정치병 환자들이 많은 것도 사실이잖아요.(웃음) 오로지 모든 걸 다 정치로만 해결 혹은 해석하려는 사람들이 많으니까요. 어떤 얘기가 나오든 "저건 진보야. 보수야. 국민의힘이야. 민주당이야. 너 어디 편이야?" 이렇게 하면 사실 얘기가 더 진전이 안 되는 거니까요. 그러니까 그런 건 좀 지양했으면 좋겠다는 거고요.

다만 그렇다고 해서 중요한 테마인 정치를 놓칠 수는 없고, 아마 새 정부가 들어서면 당연히 초반에는 전 정권과 관련된 수사나 특검 얘기가 엄청나게 많을 것 같아요. 재판까지 이어지는 그런 이슈들에 대해서 〈장르만 여의도〉는 가능한 한 동적 균형감을 가진 채널이 되려고 노력을 할 거고요. 동적 균형감이라고 하면 기계적 균형이랑은 조금은 다르게 어떤 사안에 있어서는 정말 이쪽이 잘못했을 수도 있고, 어떤 사안에 있어선 정말 저쪽이 문제가 있을 수도 있는데요. 지금 현재 이른바 정치 관련 채널들이라고 하면 한쪽으로 확 가서 우리 편이 잘못한 건 그냥 대충 묻어두고 저쪽 잘못한 건 훨씬 더 크게 떠들고

이게 일반적이잖아요. 그거는 나쁘다고는 할 수 없지만, 그런 채널들만 있어서는 안 된다는 생각을 해요. 그런 채널들도 있어서 지지자들의 속도 좀 시원하게 풀어주는 것은 좋죠. 그런 것도 있는 건 좋은 것 같고, 다만 그런 양쪽의 극단에 있는 채널들만 있으면 나라가 혹은 우리 사회가 더 건강해지지는 않을 것 같아요.

그래서 저는 적어도 양쪽에서 욕은 먹겠지만 균형감을 가진 채널이고 싶은데, 그 균형감이라는 거는 딱 50퍼센트, 이건 아니고 그때그때 사안에 맞는 균형감을 가지고, 그러니까 이쪽이 더 잘못할 수 있다, 잘못한 만큼에 대해서는 훨씬 비판할 수도 있고요. 그렇다고 해서 저쪽이 잘해서 이쪽을 비판하는 게 아니고, 이쪽이 잘한 게 없음에도 불구하고 저쪽이 워낙 잘못해서 여기에 대해 비판하는 거는 충분히 있을 수 있으나 저쪽이 잘못이 있다면 저쪽도 잘못한 거에 대해서 얘기를 해야 된다고 저는 봐요. 그게 또 양비론이네, 양시론이네, 이렇게 비판받을 여지는 많은데요. 제일 중요한 건 일단은 거짓말하지 않는 것, 어떤 잘못이 있는데 얘기하지 않거나 아니면 조금 잘못한 것처럼 얘기하는 것도 다 거짓말이라고 보고, 10만큼 잘못했는데 50만큼 얘기하는 것도 거짓말이라고 봅니다. 그러면 그들이 10만큼 잘못했으면 10만큼 잘못했다고 얘기하고, 이쪽이 3만큼 잘못했으면 또 3만큼 잘못했다고 같이 얘기해 주는 게 저는 동적 균형감이라고 봐요. 이쪽이 10만큼 잘못하고 이쪽이 3만큼 잘못했는데, 양쪽 다 5만큼 잘못한 것처럼 얘기한 것도 거짓말이죠. 그러니까 그건 기계적 균형인 거고, 그것 말고 아주 다이내믹한 동적 균형, 계속 움직이면서 그래도 한쪽으로 쏠리지 않으려는 중심을 잡으려는 노력은 놓치지 않는 그 정도의 스탠스로 우리 〈장르만 여의도〉는 갔으면 좋겠다, 그렇게 생각을 하고 그렇게 갈 겁니다.

앞으로 다른 채널에서는 계속해서 전 정부에 대한 공격이나 이런 게 시원하게 많이들 나올 텐데요. 그리고 또 다른 채널들에서는 거기에 대한 신랄한 욕들이 많겠죠. 근데 저희는 적어도 드러난 사실, 그다음에 저희가 파악한 진실까지는 충분히 양쪽의 얘기를 다 듣고, 욕을 좀 먹더라도 그걸 다 반영하는 균형을 찾아가는 채널이 되려고 합니다. 그러니까 새 정부 출범하고 상당 기간은 조금 힘들 것 같고요. 그렇지만 이거를 좀 알아주시는 분들도 점점 늘어날 거라고 생각해요.

지승호   한쪽을 택해야 조회 수 면에서는 유리할 텐데요.

정영진   그러니까 그게 참 좋은데, 제가 그렇게 하기가 싫더라고요. 전에도 한 번 말씀드린 것인데, 여기서 저하고 하자고 제안을 했을 때도 제가 처음에 얘기한 게 "그렇게는 난 절대 안 한다"는 말씀을 드렸었거든요. "그렇게 할 것 같으면 저는 못하니까 다른 분 찾아보시는 게 좋겠다"는 말씀도 드렸구요. 그래서 저는 그렇게 할 생각은 없습니다.

상대방의 얘기를 한번 들어는 봐야

지승호 지금 말씀하신 대로 양쪽으로 갈라져서, 사람들이 싸우고 있는 상황에서 "국민통합이 필요하다" 이런 얘기들을 많이 하는데요. 이를 위해 새 정부에서는 어떤 조치들이 필요하다고 생각하나요?

정영진 일단 저는 국민통합은 별로 필요하다고 생각하지는 않아요. 가능하지도 않고요. 국민통합까지는 아닌데, 국민이 또 다 같이 같은 뜻을 갖고 가는 것도 되게 위험한 것 같거든요. 그래서 국민동합은 저는 꿈도 안 꾸고, 다만 상대방이 어떤 주장을 한다 아니면 뭘 하려고 한다 할 때 "그것에 대해서 한번 들어는 보고 그다음에 들어봐서 맞는 얘기면 찬성은 못 해도 인정 정도는 해라"는 말을 하고 싶어요. 그 정도 세상, 그 정도 사이면 저는 베스트인 것 같거든요. 예를 들어 이쪽에서 볼 때 저쪽이 막 이런 정책, 저런 정책을 펼치는데 "저거는 내 생각이랑 안 맞는 것 같아. 그래도 다수에 의해서 선출된 정권이고, 그들이 현재 보장받은 5년이면 5년 동안 권력을 행사할 권한이 있는 거니까, 그러면 5년 동안은 그렇게 가는 거에 대해서 인정을 하지만, 난 반대할 거고 반대 의견을 이렇게 피력할 거야"라고 얘기하고, 그 권력을 행사하는 쪽에서도 "오케이. 니가 지금 이런 이유로 반대하는 것 같은데, 일리는 있지만 어쨌든 나는 이게 더 맞다고 생각하니 우리는 이렇게 갈 거야"라고 소통하면 저는 그 정도면 진짜 베스트인 것 같거든요.

그런데 아마 당분간은 쉽지 않을 거예요. 왜냐하면 그 반대의 목소리가 그냥 곱게 들리지 않을 것이기 때문에 반대 의견에 대해서 거의 말살하고 싶어 하는 수준의 태도를 취할 것 같습니다. 꼭 권력이 있고 없고를 떠나서 사람들이 서로 가만두지 않을 것 같은 느낌이 있어요. 어느 사회나 발전하면서 그런 기간을 또 거치긴 하는 것 같더라고요. 꼭 프랑스 혁명이든 시민혁명이든 이런 걸 예로 들지 않더라도 그런 진화한 과정과 갈등과 반목과 이런 시기를 거쳐서 한쪽으로 막 쏠리고 또 반대쪽으로 쏠리고 이런 과정들을 거쳐서 균형을 잡아가면서 가는 게 이른바 우리가 얘기하는 민주주의 선진국이라는 곳인 것 같구요. 물론 그렇다고 해서 그들이 아주 올바르게 가는 건 아니지만 적어도 상대방이 뭘 얘기하는지에 대해 듣는 거 정도, 그다음에 상대방이 얘기할 수 있는 권리 정도는 주는 것, 그리고 나와 다른 얘기를 했다고 해서 막 짓밟지 않는 것, 이 정도는 우리가 지켜야 할 룰인 것 같고요. 그거 무너지면 진짜 큰일인 것 같은데요.

근데 전반적으로까지는 아니지만, 종종 그런 경우들을 많이 보긴 해요. 당연히 이쪽 극단에서 보면 저쪽 얘기가 완전 극단적인 얘기처럼 들릴 수 있겠죠. 그러니까 내가 맨 극단에 있으면 나 말고 다 왼쪽이나 오른쪽에 있는 걸로 보일 테고, 그중에서도 조금 더 멀리 가 있는 사람은 완전 극단으로 보이겠죠. 그 극단에 있는 사람이 만약에 권력을 잡게 되면 자기가 볼 때 극단에 있는 사람들의 얘기는 저건 극단적인 얘기니까 안 들으려고 할 테고, 아예 얘기를 못 하게 하려고 할 텐데요. 그래서는 안 되는 것 같고, 상대방이 무슨 얘기를 하든 일단은 받아들이지 않더라도 듣기 정도는 하자. 그걸 새 정부에는 기대하기, 또 새 정부 출범을 원치 않았던 사람들 역시 적어도 서로 뜻이 다르지만 그중에 더 많은 사람의 뜻을 받은 권력 집단에 대해서 5년 혹은 그 이상의 기간은 인정해야 하겠죠. 그들이 어떤 정책을 펼치든 간에 "나는 이거 죽어도 못 받는다" 이러면 안 되잖아요. 그러니까 "적어도 듣고, 인정 정도는 양쪽이 좀 해줬으면 좋겠다"는 생각을 하고 있습니다.

지승호   되게 중요한 얘기 같습니다. 예전에 임권택 감독님이 만든 〈장군의 아들〉이라는 영화가 있었잖아요. 그 영화 제작자의 기획 의도가 "요즘 사람들은 너무 패배를 인정하지 않는 것 같아요. 패배를 인정하는 모습을 보여주고 싶었습니다"라고 해요. 사실 영화는 판타지이긴 한데, 영화를 보면 나오잖아요. 주먹다짐을 한 다음에 지고 나면 바로 "아우님. 내가 종로를 떠나겠소" 그러면서 쿨하게 떠나는데요. 그때보다 지금은 더 인정을 안 하는 사회가 된 것 같습니다. 떠난 대통령도 "3년 하나 5년 하나 뭐가 차이가 있냐? 내가 다 이기고 들어왔다" 이렇게 정신 승리를 해버리는 상황인데요. 이거는 진보 쪽도 마찬가지인데, 상대방을 인정하지 않고 패배를 인정하지 않는다는 거는 어떻게 보면 어떤 시대의 아픔을 반영하는 것 같다는 생각도 듭니다.

정영진   패배를 인정하지 않는 거? 그러네요. 패배를 인정하는 건 사실은 '내가 졌다'는 걸 인정하는 건데 그게 결코 내 인생이 진 것은 아니잖아요. 또 패배 인정이 쉽지 않을 수는 있지만, 처음이 특히나 어렵지 한번 해보면 또 아주 어렵진 않은데요. 마치 사과하는 게 처음에 어려운 것처럼 대화하고 인정하는 것도 충분히 해보면 될 건데, 지금까지는 패배를 인정하면 죽는다고 생각하고, 또 실제로 패배 인정하고, 역사의 뒤안길로 사라진 사람들을 많이 봐서 더 그런 걸지도 모르겠습니다. 어떤 경기에서 진 거 인정할 때만큼 또 멋있어 보일 때가 없잖아요. 특히나 스포츠 같은 경우는 대표적으로 그렇죠. 졌는데도 안 졌다고 계속 주먹 휘두르고 이러면 얼마나 추해 보입니까?

근데 어쩌면 그게 우리가 당사자가 아니라 보는 입장이라 더 그런지 모르겠어요. 이렇게 딱 패배 인정하면 너무 멋있어 보이는데, 막상 당사자가 되면 조금 쉽지는 않을 수 있겠지만 그게 더 많은 갈채를 받을 수 있는 일이라는 것을 이제 다 같이 좀 동의를 해 주면 좋을 텐데요. 아직 우리가 그만큼 성숙하지 않아서 그런지 몰라도 마치 대여섯 살짜리들이 그냥 바득바득 우기는 것처럼 인정을 못 하고 있네요. 이 과정도 좀 지나가야 되겠죠.

지승호 패배를 인정해야 그다음에 내 약점을 보완해서 다음에 이길 수도 있지, "판정에 문제가 있어" 이러고 싸우기 시작하면 자기의 약점을 보완할 수 있는 그런 성찰의 기회를 얻을 수가 없잖아요.

정영진   근데 이 얘기는 양쪽에서 다 싫어할 얘기 같긴 하네요.(웃음)

가짜 뉴스의 부작용은 어떻게 극복할 것인가?

지승호   지금 뉴미디어의 영향력, 유튜브의 영향력이 커지면서 가짜 뉴스도 많아지고, 사이버 렉카 이런 걸 통해서 부작용도 생기고 있잖아요.

정영진   사이버 렉카라는 사람들의 역사가 짧은 것 같지는 않아요. 옛날에도 신문 처음 나올 때 옐로우 저널리즘 이런 게 기세등등 했잖아요. 근데 거기도 보면 있는 사실만 발표하는 게 아니라 있지도 않은 거 막 사람들이 그냥 혹할 만한 거 꾸며내고 거짓으로 쓰는 기사들이 얼마나 많았습니까? 우리 옛날 주간지 같은 것들도 확인되지 않은 사실도 그냥 막 쓰고 했었는데요. 그게 온라인으로 이전된 거죠. 그래서 유튜브에서, 요즘은 워낙 정보가 가공이 쉬워진 시대고 하니까 더 그렇죠. AI로 만든 음성으로 조작을 하기도 쉬워지고, 또 사람들이 어떤 이슈에 대해서 오래 관심을 안 갖잖아요. 짧게 하루 이틀짜리 소비되는 그런 정도의 이슈에는 그런 자극적인 제목, 자극적인 섬네일에 자극적인 주제를 가지고 와서 당장 오늘 내일만 장사하면 되고, 내일 하고 내일 모레와 글피는 또 다른 아이템 갖고 오면 되니까 일단은 오늘만 장사해서 사람들이 열심히 막 클릭하고 조회 수만 많이 나오면 그게 당장 돈이 되는 건데요. 그것도 어찌 보면 적정 성공이 아닌 절대적인 성공에 많이 취한 사람들이 일단 당장 돈 버는 게 성공이라고 생각하니까 내 평판이든, 내가 사람들에게 미치는 악영향이든 이런 거에는 전혀 신경을 쓰지 않고, 오로지 돈만 벌면 성공이라고 생각하니까 더 그런 것 같아요. 그래서 그런 의미에서도 적정 성공이 저는 좀 필요할 것 같기도 하고, 그다음에 그들에게 계속해서 경제적 이득이 주어지는 시스템도 좀 문제인 것 같기는 합니다. 그냥 사실도 아닌 거 그럴듯하게 만들어내서 이니셜 좀 넣어서 마치 진짜 그랬던 것처럼 부풀려서 얘기해 놓으면 실제로 많은 사람이 잘 현혹되잖아요. 그 현혹된 사람들이 모두 돈이 되는 거니까, 보는 사람들이 돈 되는 시스템, 이게 그들이 더 많은 사람을 자꾸 빨아들이려고 노력할 수밖에 없는 원인인 것 같긴 하고요. 보는 사람들 욕하기가 쉽지는 않은데요.

지승호   사실 그들의 책임이 없다고는 볼 수 없잖아요.
정영진   그거 보는 사람들도 그걸 전혀 인지하지 못한다고 저는 생각하지 않거든요. 그냥 대충은 알 거예요. 그러니까 이게 어느 정도 확인된 건지 아니면 진짜 거짓말인 건지 정도는 아예 분별하지 못할 정도로 판단력이 없지는 않을 텐데요. 복잡하게 생각하기 싫으니까 자기 뇌를 어딘가에 자꾸 맡기고 싶은 거잖아요. 정치 관련해서는 그냥 이쪽 극단적인 소리에 자기를 맡기고, 그다음에 돈에 관련해서는 누군가의 유튜브, 돈 버는 채널 이런 거에 맡기고 싶고, 또 그러다가 "누가 누구랑 이혼했대", "누가 누구를 팼대", "누가 사기를 쳤대" 이러면 또 콘텐츠 얘기하는 사람들한테 뇌를 그냥 맡기고 말초적인 즐거움만 그냥 추구하는 거잖아요. 그런 사람들이 그렇게 많으니 이런 채널들이 잘 되는 거겠죠. 만약에 우리가 진짜 다양한 교양을 가진 사람들이 다양한 부분에 관심을 갖고, 예를 들어 "나는 영화에 대해 이런저런 걸 알고 싶어서 극장에도 가고 영화 채널도 좀 많이 보고 영화에 대한 책도 많이 읽을 거야" 그러면 이렇게 시간 낭비할 틈도 별로 없을 거거든요. 내가 미술에 정말 관심 있고, 혹은 음악에 관심이 있어서 그쪽 관심 분야나 내 취미생활에 투자할 시간도 부족한데 언제 '연예인이 뭘 했네' 아니면 '누가 어떤 여자를 만났는데 양다리를 걸쳤네' 이런 거에 그렇게 매달리겠어요. 그리고 그런 사람들은 또 그런 데만 계속 돌아다니더라고요.(웃음)

사실 적시 명예훼손의 딜레마

지승호 유튜브 알고리즘이 계속 데려다주니까요.(웃음)

정영진 그렇죠, 무슨 사건 반장 거기 가서 댓글 달고, 또 무슨 네이트 판 가서 또 댓글 달고, 또 자기 댓글에 대댓글 없나 그거 맨날 검색하고, 또 인스타 보면서 자기 사진에 댓글 뭐 달렸나 보잖아요. 늘 자기 생각은 어딘가에다 맡겨두고 남들 생각만 계속 확인하러 다니는 사람들이 이만큼 많으니까, 그게 그렇게 장사가 잘되고 돈을 많이 버니까 또 그 사람들은 계속 그 비슷한 콘텐츠들을 만들어내는 거잖아요.

저는 사실 적시에 의한 명예훼손은 없어져야 한다고 생각하는 사람 중 하나인데요. 지금은 그 주장을 강하게 하기도 좀 어려운 것 같아요. 명예훼손이나 모욕이나 이런 것들은 가능한 제약이 없는 세상에 살고 싶긴 하거든요. 요즘 사람들 하는 거 보면 이런 거라도 있어야 사람들이 과도하게 가는 걸 좀 막을 수 있지 않나 하는 현실적인 고민을 하게 되더라고요. 아쉽게도 그런 다양한 관심을 가진 다양한 사람들이 다양한 자기 삶을 주체적으로 살아갈 때까지는 그런 이상한 콘텐츠들은 없어지진 않겠죠. 일부 유튜브에서 조금씩 존재를 하겠지만, 그냥 큰 돈 버는 데는 아니고 그냥 자잘하게 근근이 살아가는 정도는 있을 수 있겠지만 그게 이렇게 메이저가 되지는 않을 것 같습니다. 사람들이 그런 채널을 보고 오히려 기존의 메이저 언론들이 다 받아 쓰잖아요. 이런 코미디 같은 상황이 어디 있습니까? 진짜 기자분들도 너무 자존심 상하는 일인 것 같아요. 또 어떤 유튜브 채널에서 조작된 걸로 막 얘기하는데, 그걸 받아다가 사실 확인도 채 못하면서 기사를 베껴 쓰고 하는 걸 보면 '이러려고 내가 기자를 하나?' 이런 생각이 들지 않을까 싶은 생각도 좀 듭니다.

지승호 사실 적시에 의한 명예훼손 이 부분은 저도 어느 정도 동의하기는 하는데, 문화의 차이는 좀 있는 것 같거든요. 이를테면 이번 손흥민 사건 같은 경우도 그렇지 않습니까? 만약에 외국의 경우 연애하다가 임신했다면, "저 새끼 함부로 휘두르고 다니네" 이러면서 그냥 가십거리로 취급하고 말 텐데, 우리나라에서는 그게 선수 생명을 끊을 수 있는 협박거리가 되거든요. 그러니까 3억을 줘야 하는 상황이 됐고, 다른 사람이 또 달라고 협박하니까 이번에는 고소를 했나 본데요. 어떤 일이 생기면 경중을 따지지 않고, 흥분해서 몰아가는 경우도 있다 보니까요.

정영진 나랑 상관없는 누구 정도로만 봐줘도 좀 덜 할 텐데요. 외국에서 어떤 배우가 혼외 자식을 만들었네, 이런 게 그냥 가십으로 잠깐 소개되고 말잖아요. 근데 그건 내 얘기가 아니라 그냥 그 사람 얘기인 거니까. 나의 상황이면 또 다르겠죠. 당연히 나랑 관계가 있다면 굉장히 분노하거나 이럴 수 있지만, '그냥 저 먼 데 있는 사람이 그랬나 보다' 정도 생각하면 사실은 괜찮은데, 우리는 너무 끈끈한 것이 때로는 문제인 것 같아요. 아니 끈끈 하지도 않으면서 끈끈하다고 착각하는 거 이런 것이 진짜 문제 인 것 같습니다. 사실 우리는 '한국의 딸' 이런 표현들 종종 쓰 잖아요. '국민 여동생', 모르겠어요. 다른 데도 이렇게 막 쓰는 지 모르겠는데요. 오빠가 왜 이렇게 많아?(웃음) 다른 나라도 그렇게 쓰나요? 그렇게는 안 할 것 같거든요. 그러니까 마치 꼭 나와 무슨 관련이 있는 사람인 것처럼 착각들을 하는 것 같더 라고요.

지승호   미국의 아들, 이런 얘기는 못 들어본 것 같네요.(웃음)

정영진   예를 들면 어떤 스타가 막 이렇게 떠오를 때 보면 데뷔하기 전 부터 내가 막 키우잖아요. 팬들이랍시고. 그 친구가 열심히 해 서 스타가 되면 좋은 거고, 돈 많이 벌면 더 좋은 거고, 연애하 면 더 좋지, 그 친구가 그렇게 좋아하는 사람이 생겼다는 게 얼 마나 좋은 일이에요. 근데 마치 내 남자친구인 것처럼, 아니면 내 조카쯤은 되는 것처럼 열렬히 뭘 갖다 바치고, 편지 쓰고, 누가 그렇게 하라는 것도 아닌데 자기가 그렇게 다 해놓고는 막상 데뷔해서 잘 되잖아요? 그럼 그냥 "잘 됐다" 축하하고, 정말 내 아들이라고 생각했으면 '어디 좋은 데 취업해서 좋은 여자 만나서 잘 사는구나' 생각하면 되는데요. 그것도 아니야, 그러니까 이건 아들처럼 생각한 것도 아니고, 그냥 자기 남자친구처럼 생각하는 것 같아요.

지승호 별풍선 쏘는 마음? 마음 한구석에는 언젠가는 나하고 밥을 먹을 수 있지 않을까, 하는.

정영진 그렇죠. 결국은 가상 연애인 거죠. 그런 생각으로 스타를 자꾸 바라보고, 혹은 연예인이나 누구를 이렇게 대하려다 보니까 지금 애들이 연애 한 번만 해도 무슨 죄짓는 것도 아니고 숨겨서 그렇게 연애를 해야 하잖아요. 요즘 연예 기획사 계약할 때 다 각서를 쓴다면서요. 몇 년 동안 연애하지 않는다고. 아니 성인 돼서 연애하는 걸, 성인 아니라도 그렇지 연애하는 걸 누구 허락을 받아야 한다는 게 어이가 없는 일인데요. 굳이 따지면 부모님이 반대해서 한 스무 살 전까지는 안 된다고 얘기할 수는 있어요. 그것도 전 별로지만, 그 정도 얘기는 부모가 할 수 있을 것 같기도 한데요. 자기들이 뭔데 팬이랍시고 연애에 대해서까지 간섭을 하나요? 뭘 하지 말라는 사람, 뭘 하라는 사람, 이런 자격도 없는 사람들이 그렇게 얘기를 꺼내 대고 하는지, 그러니까 그렇게 자기랑 관련이 있다고 생각하거나 혹은 관계가 꽤 깊다고 착각들을 하니까 그런 것 같습니다. 손흥민이 여자를 만나고, 아니면 무슨 걸그룹 누가 남자친구를 만나고 하는 것에 배신감을 느끼고 하는 게 너무 웃겨요.

지승호   반성문을 쓰게 하잖아요.

정영진   그것도 친필로 정성껏.(웃음) 저는 손흥민을 그렇게 좋아하는 사람은 아닌데, 아직 결혼도 안 했잖아요. 여자를 만나서 피임 같은 거 잘해야 하는 게 맞죠. 책임져야 할 것이 있으면 당연히 책임져야 하구요. 근데 그거는 그 사람이 알아서 할 일이지, 내가 뭐라고 할 수 있는 건 아니잖아요. 그 여자분이랑 잘 얘기해서 해결해야겠죠. 별로 바람직한 것 같지는 않지만 아이를 혹시 못 낳을 상황이 돼서 어떤 경제적인 보상을 했다, 그런 것은 그 사람이 알아서 할 문제지. 그러니까 "너는 국가대표에서 빠져"라고 할 이유는 아닌 것 같아요. 국대에서 빠져야 할 일은 '훈련 시간에 잘 못 나왔다. 기량이 떨어진다. 경기를 뛰어봤더니 도저히 예전만 못하더라' 그러면 축구 국가대표에서 빠져야죠. 여자친구 누굴 만나서 밤새 뭘 했든 뭔 상관이야 잘 뛰기만 하면 되죠.

이 얘기와는 상관없는 이야기지만, 일전에 "공인으로서 인성이 중요하다" 이런 얘기를 박진영 씨가 한 적이 있는데요. 진짜 저는 박진영 씨가 그런 발언하는 게 너무 너무 실망스럽거든요. 아니 박진영 씨 처음 나올 때 어땠어요? 투명 비닐 바지 입고, 섹스를 화두로 들고나오고, 이런 파격적인 이미지로 나왔잖아요. 그렇게 자기는 잘 해놓고 이제 와서 자기 소속사 연예인들한테 '인성이 중요하다'고 하는데요. 저는 솔직히 연예인들한테 성실함을 강요하고, 인성 강요하는 것만큼 안 좋은 거 없다고 생각하거든요. 연예인은 잘 놀아야지, 저는 진짜 잘 놀아야 한다고 생각해요. 그래서 물론 롱런하지 못할 수도 있어요. 근데 그건 본인이 판단해서 본인이 결정을 하는 거죠. 본인이 '이렇게 해서는 연예인, 가수 3년밖에 못하겠다. 어떻게 해서든 내가 30년간은 가수를 하려면 이렇게 해야 하겠다'라고 결심하는 것은 본인이 판단해야 하는데요. 무슨 소속사 사장이라는 사람이 애들 아빠도 아니고, 가수들한테 강의 비슷하게 하는 걸 제가 봤는데요. 진짜 너무 한심하고, 지금 아티스트를 키우는 게 아니라 그냥 자기네 엔터테인먼트 공장에서 제일 품질 좋은 상품을 뽑아낼 때나 그게 맞는 것 같아요. 제일 좋은, 그래서 고장 안 나는 제품. 이게 도요타도 아니고, 그럼 당연히 사고는 안 치겠죠. 근데 저는 연예인들이야말로 진짜 사고 쳐야 할 사람들이라고 생각을 하거든요. 가장 사고 많이 쳐야 하고.

지승호 슈퍼스타의 의무죠. 스캔들 같은 것은.(웃음)

정영진 사고 치고 기존의 선배들한테 바락바락 대들고, 다 때려치우라고 하고, 그런 사람이 진짜 아티스트고 연예인이고 스타가 돼야 하는 거지. 그냥 기존 질서에 잘 순응하고, 90도로 폴더 인사하고, 가르쳐주는 대로 노래 부르는 것은 아티스트가 아니라 그냥 공산품인 거죠. 박진영 씨가 왜 그랬는지는 모르겠는데, 다른 연예기획사들이 그러면 그나마 '그래 돈이 중요하니까 그럴 수도 있겠다' 싶은데요. 아니 박진영 씨는 자기가 그런 삶을 살아오지도 않았으면서 내가 그 사람 삶을 잘은 모르지만 적어도 보이기에는 그랬기 때문에 아쉬운 거죠. 그건 무슨 공장장이지, 그게 무슨 레이블 혹은 소속사에 있는 사람이라면 적어도 사고 치라고 장려까지는 못해도 그래도 자유로운 사고를 하고 너희 멋대로 한번 살아보라고 해야 할 것 같아요. 내심 이런 건 해야겠죠. 적어도 우리나라에서 마약은 금지니까 필로폰 같은 건 우리나라에서는 하지 말라든지, 아니면 "너네가 그런 사고를 치게 되면 연예인 생활이 오래 못 갈 수도 있다. 그러니까 그건 너네가 알아서 결정해라"라든지 이 정도 조언을 줄 수는 있겠죠. 근데 솔직히 우리나라에서 성공한 아티스트들 가운데 대마초 안 피운 사람이 몇 명이나 돼요. 과거에 수많은 연예인이 감옥에 갔다 왔잖아요. 물론 그걸 권장할 건 아니지만, 본인들은 다 그런 과정을 통해서 성장해 왔으면서 무슨 예절 가르치고, 이런 것은 정말 코미디라는 생각이 듭니다.

〈일당백〉은 오래 진행하고 싶어

지승호 〈일당백(일생 동안 읽어야 할 백 권의 책)〉하시잖아요. 지금 이 영상의 시대에 책 읽는 게 필요하다고 생각해서 하시는 걸 텐데요. 책을 왜 읽어야 할까요?

정영진 워낙 많은 분이 얘기는 했습니다만, 저는 사실 요즘 좀 부끄럽게도 책을 많이 못 읽고 있긴 한데요. 제가 지금까지 어느 정도 밥 먹고 사는 거는 그래도 어렸을 때 읽은 책이 있어서인 것 같아요. 책이 좋은 건, 일단 영상은 사람을 상상하지 못하게 만들잖아요. 상상력을 막아버리고. 왜냐하면 책은 읽으면서 계속 뭔가 이미지를 나 스스로 생각해내게 해서 적극적으로 내 두뇌 활동을 좀 도와주는 것 같은데요. 영상은 그냥 다 나한테 보여줘 버리니까 제가 뭘 할 여지가 없다는 게 되게 슬픈 일인 것 같아요. 그래서 당연히 책은 읽는 게 좋고, 그다음에 활자라는 건 일종의 기호 같은 거잖아요. 활자는 나와 다른 사람들과 이렇게 읽기로 서로 약속을 한 거니까, 그 약속들을 수시로 끊임없이 계속 읽어 나가고 있는 거잖아요. 그러니까 다른 사람들과의 일종의 어떤 소통도 가능하게 해주는 매체인 것 같아요. 서로 그런 약속한 것을 지키는 과정에 있는 거니까요. 근데 영상은 그냥 다 보여줘 버리니까, 물론 영상 내에서도 영상이 뭔가의 의미를 내포하고, 상징할 수는 있겠지만요. 영상을 보여준다는 것은 내 두뇌에 있어서 최소한의 활동, 영상 처리 활동만을 시켜주는 것 같아요. 내 두뇌가 매우 수동적인 거죠. 내 두뇌가 적극적으로 뭘 할 그런 걸 안 만들어주는 게 너무 안 좋고, 타인과의 커뮤니케이션도 대단히 힘들게 만드는 것 같습니다.

그다음에 텍스트는 일종의 만족 지연 같은 것도 주는 것 같아요. 2시간이든 3시간이든 혹은 그 이상의 시간을 들여서 다 읽고 나야 어떤 큰 만족이 나에게 오는 건데요. 좀 쉽지 않은, 적극적인 읽는 행위를 통해서요. 근데 영상은 그냥 나한테 보여주잖아요. 영화 같은 경우는 2시간 넘어가기도 하지만, 대체로 요즘 보는 것들은 다 30초, 1분, 10분, 20분 이 정도 해서 나에게 만족을 주니까 그런 만족 지연도 없어서 사람들이 자꾸 즉각적으로 반응하게 만드는 것도 안 좋은 것 같고요. 물론 영상을 안 볼 수는 없지만, 지금 정도 상황이라면 내가 할 수 있는 한 남은 시간을 최대한 책이라도 좀 봐서 제가 지금 말씀드린 여러 가지 것들을 조금이라도 취해야 할 텐데, 지금 그 일을 할 수 있는 사람이 많지 않은 것 같아요. 저도 사실은 좀 힘들고, 점점 저도 영상형 인간이 돼가고 있는 것 같습니다.

지승호 바쁘시니까 책 읽을 시간이 없을 테구요.

정영진 그것도 핑계라고 생각을 합니다만, 텍스트에서 영상으로 가는 것은 결코 어렵지 않거든요. 그냥 나를 놔버리면 되는데, 영상에서 텍스트로 가는 건 되게 힘들어요.

지승호 운동을 할 때 근육이 필요한 것처럼 읽는 데도 뇌의 근육이 필요하다고 하잖아요. 그걸 잘 단련해야 읽는 힘이 더 생길 수 있는 것 같습니다.

정영진 네. 그러니까 읽는 근육, 그거야말로 정말 근육인 거고, 영상은 영상 읽는 근육이 필요한 건 아닌 것 같아요. 그러니까 그냥 근육을 잃어버리는 것밖에 안 되는 거죠. 마치 운동하다가 그냥 알코올 많이 먹고, 몸 늘어지는 것처럼요. 그래서 다시 돌아오기도 매우 쉽지 않으니 가능한 한 읽을 수 있을 때 최대한 많이 읽어 놓는 게 좋은 것 같다는 생각이 듭니다. 어차피 당신이 엄청난 노력을 기울이지 않으면 어쩔 수 없이 그쪽으로 갈 테니 끊임없이 붙들고 있는 게 그나마 책을 읽는 습관을 그래도 놓치지 않는 하나의 방법인 것 같긴 하고요. 그래서 저는 책을 사요. 못 읽어도 사두기라도 하면, 그래도 어떻게든 읽으려고 틈날 때 한 번씩이라도 이렇게 펼쳐보긴 하거든요.

지승호   목차랑 서문은 보게 되죠.

정영진   그래서 사기라도 해서 좀 꽂아라도 놓으라고 하죠.

지승호   〈일당백〉 하시면서 보람도 많이 느꼈을 것 같은데요.

정영진   〈일당백〉은 댓글이 되게 좋아요. 일단 댓글이 너무 좋고, 그다음에 어디 가서 사람들이 "장르만 여의도 봐요", "매불쇼 봐요" 그러면 그것도 되게 고마운 일이긴 한데, 어디 갔는데 "일당백 재밌게 보고 있다"고 하면 정말 반가워요. 그게 적어도 에피소드 나누는 게 1시간씩이고, 한 회가 거의 2시간짜리인데요. 그걸 다 보신다는 거는 책만큼은 아니지만 하여튼 그 비슷한 노력이 좀 필요한 것 같긴 하거든요. 그냥 읽는 분들만 만나도 반갑고, 저한테도 되게 도움이 많이 돼요. 제가 콘텐츠를 만드는 사람이어서기도 하지만, 정박 님과 얘기를 주고받으면서 배우는 것도 많고요. 어디 가서 아는 척하기도 좋고.(웃음) 그런 것도 좀 보람이 있고, 흔한 경우는 아닌데 가끔 저희가 어떤 책을 소개했는데 반응이 너무 좋은 거예요. 근데 이미 책이 절판이 됐어요. 그래서 출판사에서 다시 그 책을 낸 경우가 있어요. 그럴 때 진짜 보람 있더라고요. 이 좋은 책을 꽤 많은 사람이 한번 읽어보려고 시도했다는 거잖아요. 그런 거에 우리가 역할을 했다는 게 꽤 보람이 있었습니다.

지승호 특별히 반응이 좋았거나 기억에 남는 책들이 있나요?

정영진 저는 『어린 왕자』(생텍쥐페리) 이 책도 참 좋았고요. 제가 워낙 개인적으로 좋아하기도 하고, 약간 좀 그런 스토리를 좋아하나 봐요. 그리고 동화 『행복한 왕자』(오스카 와일드) 그거 하면서 거의 울 뻔했고요. 그리고 제가 기억에 진짜 많이 남는 책 중의 하나가 『순교자』라고 김은국 작가가 쓴 소설인데요. 그 책은 우리가 6·25 전쟁으로 치열하게 다투던 시절에 어떤 종교를 매우 신실하게 가졌던 사람이 주변의 사람들이 어떻게 무너지는가를 보면서 그걸 어떻게 지키려고 했고, 그 결과 그 사람이 어떻게 됐는가를 보여주는 책인데, 너무 감동적이더라고요. 그래서 그 책은 제가 기억에 많이 남고요.

지승호　　한국계 최초의 노벨문학상 후보작이었다고 들었습니다.

정영진　　그 외에 『수호지』, 『금병매』, 이런 책들은 반응이 좋아서 6번인가 했어요. 원래 보통 한 주에 2시간 정도 한 책을 다루거나 두세 책을 다루거나 이렇게 하는데요. 한 책이라고 할 수는 없겠지만, 이것도 굉장히 긴 소설이니까요. 『사기』 이런 것도 그렇고, 『성경』도 있었는데요. 여러 회차에 다룰 정도로 사람들 반응이 좋았던 그런 경우도 기억에 남습니다.

지승호　　고전들이네요.

정영진　　고전들이 좀 많고, 저희가 새로 나온 책도 가끔 할 때도 있지만, 그런 것보다는 어느 정도 검증이 된 책들을 주로 했습니다. 그런 것만 하더라도 너무 많으니까요.

지승호　　콘텐츠는 무궁무진하니까 계속 공부하면서 하겠네요.

정영진　　같이 하시는 정박 님이 힘들죠. 그분이 진짜 대단한 분이에요. 보통 책을 소개한다고 보면 그 책에 대한 이야기 혹은 저자에 대한 이야기 정도 많이 하실 텐데요. 자랑 같긴 하지만 정박 선생님은 그 책 그리고 그 책에 관련된 그 시대의 이야기 그다음에 그 책과 관련된 또 다른 책들 이런 것들을 되게 잘 짚어주시거든요. 듣다 보면 제가 생각하지 못한 그런 부분들이나 아니면 추가로 얻게 되는 상식들 이런 게 되게 많아요. 그 콘텐츠는 저한테 막 큰돈이 되는 콘텐츠는 아니지만 제가 할 수 있는 한은 가장 마지막까지 갖고 갈 콘텐츠이기도 해요.

지승호   아무래도 책을 좋아하니까. OTT 드라마 같은 것은 잘 안 보시죠? 시간이 없으니까.

정영진   사람들이 너무 많이 봐서 이슈가 되고 연예인들, 개그맨들도 막 패러디하고 이러면 일종의 사회적 현상 같은 거잖아요.

지승호   요즘 〈폭싹 속았수다〉 같은 거 말이죠.(웃음)

정영진   그런 것은 트렌드고 하나의 현상이니까 보려고 해요. 〈폭싹 속았수다〉도 봤고요. 그리고 〈나의 아저씨〉.

지승호   〈나의 아저씨〉는 정말 많은 사람이 꼽는 인생 드라마죠.

정영진   〈오징어 게임〉 같은 것도 별로 제 취향은 아니지만 보려고 합니다.

지승호   일단은 트렌드를 알아야 하니까,

정영진   네. 어쩔 수 없이.

'르네상스인'이 많아졌으면

지승호　보니까 관심사도 다양하고 해서 '르네상스인'이라는 생각이 들더라구요. 아까 말한 적정 성공에도 그것이 하나의 조건이 되는 것 같거든요. 다양한 방면에 관심 있는 르네상스인이 좀 많아지면 좋을 것 같다는 생각이 드는데요. 요즘은 다 자기 전문적인 분야는 알아도 소위 교양이라는 거에 대해서 좀 약한 경우가 많다 보니까 '구독자들이 그렇게 됐으면 좋겠다'고 생각하고 콘텐츠를 만드는 부분도 있을 것 같은데요.

정영진　좋게 평가해 주셔서 르네상스인이라고 하시는 것 같은데요.(웃음) 지금은 그렇게 안 하면 안 될 것 같아요. 왜냐하면 우리가 시간이 많이 남을 거거든요.

지승호　100세 시대라고 하기도 하구요.

정영진　정말 '백수 시대'가 열릴 거라고 저는 보는데요. 그 많은 백수들이 그럼 뭘 해야 되나? 아무리 일거리를 찾아서 돈을 벌려고 해도 별로 없을 겁니다. 정말 돈 안 되는 거 아니면 정말 어마어마하게 돈 되는 걸 텐데요. 어마어마하게 돈 되는 건 누군가가 이미 선점을 했을 거고, 대부분은 돈 안 되는 거예요. 아무리 시간을 투자해 봐야 정말 돈 안 될 거거든요. 그러니까 그거보다는 차라리 조금 덜 쓰더라도 내가 시간을 현명하게 쓰고, 행복하게 보낼 수 있는 방법들을 빨리 찾아야 하는데요. 그러려면 내가 즐거울 만한 거를 좀 배우기도 하고, 찾아내야 하는데 그걸 보는 눈이 있어야 하잖아요. 이게 내가 재미있을 건가, 제가 느끼는 것도 갑자기 팍 느낀 거라고 사람들이 생각할 수도 있는데요. 그렇지 않습니다. 그림도 그렇구요. 배움의 시기가 반드시 필요한 일들이라 내가 와인을 좋아하려고 해도 먹으면서 '딱 이 와인' 이렇게 하는 사람이 처음에 없어요. 와인들 많이 마셔보고, 와인은 어떤 것이 중요한지 이런 걸 배워야 그다음에 와인 마시면서 그 맛을 느끼고, 그 맛을 찾는 재미를 즐길 수 있거든요. 그다음에 어떤 음식이랑 페어링을 하느냐 이런 것들을 계속해서 연구하면서 재미가 생기는 거지, 갑자기 나한테 '이게 딱 맞아' 이렇게 오지 않거든요. 그러니까 그걸 지금부터 열심히 이것저것 연구를 하고, 경험을 해야 하거든요. 나중에 시간 남으면 해보지, 이렇게 했다가 정말 아무것도 못 할 가능성이 매우 커서 지금 시간이 없으시더라도 가능한 한 빨리 그런 거 한두 개, 서너 개 찾아서 공부하면 좋을 것 같습니다. 그렇게 하면 그런 걸 할 줄 아는 사람들과의 컨택 포인트 같은 것도 생기잖아요. 그러면 그 사람들이랑 새로운 관계 설정도 할 수 있고요. 지금 우리의 인간관계라는 게 학연, 고등학교 동창이든 대학교 동창이든 이 정도에서 그치는 경우가 많잖아요.

지승호   이해관계자든지.

정영진   그렇죠. 이해관계도 그런 거에서 그냥 끝나는 경우가 너무 많잖아요. 그런 관계에서 할 얘기가 뻔하거든요. 고등학교 동창은 고등학교 얘기만 해요. 대학교 동창 만나면 MT 같은 얘기, 거기서 누구랑 누가 썸 탔는데 그런 얘기들, 이것도 한두 번 재미있지 맨날 하면 무슨 재미가 있겠어요. 그러니까 대화의 깊이는 없어지고, 계속 옛날 테이프 돌려주는 거 딱 한두 시간짜리인데요. 그것도 몇 번 반복되면 지루하고 재미없을 거라고요. 그러니까 그러지 마시고 새로운 인간관계도 계속해서, 새로운 주제에 따라 만나실 수 있는 것들을 계속 찾아 나가야 할 것 같구요. 만약에 와인을 배운다고 그러면 그 와인에 관한 이야기를 얼마든지 더 깊게 할 수 있는 거고, 춤을 배우든 미술을 감상하든 뭐가 됐든 그런 것들을 만들어 놓으면 그 재미는 그냥 돈으로 살 수도 없을 뿐더러 돈을 쓴다고 해도 누릴 수 없는 재미잖아요.

지승호   다 연결이 되는 얘기인 것 같네요. 길게 보면 자기 취향을 알고 자기가 뭘 할 때 행복한지 알면 남을 욕하는 데 쓰는 시간도 좀 줄어들 것 같구요. 미워하는 에너지도 많이 쓰게 되면 굉장히 힘들고, 제 살 깎아 먹는 것일 수도 있고요. 자기 마음 상하고, 그게 계속 에스컬레이트 되지 줄어들지는 않는 것 같거든요. 그러다 보니까 말씀하신 대로 하면 길게 보면 이게 인생의 약이 될 것 같습니다.

정영진   맞아요. 미워하는 에너지라는 말씀이 진짜 와닿는데요. 사람들이 오로지 돈이라는 하나의 목표를 향해 열심히 달리다 보니까, 그거는 눈으로 너무나 명확하게 보이는 세계잖아요. 저 사람이 5천만 원 있고, 나는 4천만 원이 있으면 내가 천만 원 적은 것이 너무 명확하니까요. 근데 취미의 세계, 취향의 세계는 전혀 다른 거니까요. 다른 사람이 와인을 599병을 아는데 나는 200병을 알지만 레시피가 훨씬 더 깊을 수도 있는 거고, 그런 정말 다양한 너비와 깊이가 있는 거라서요. 그렇게 쉽게 측정도 안 되고, 승패가 막 갈리는 분야도 아니라 크게 스트레스받을 일이 없는데요. 돈은 너무 명확하니까 스트레스받을 일이 많죠. 내가 10만 원만 더 있으면 저놈 이기는 건데, 그럼 내가 그 10만 원만큼 죽도록 노력하면 될 것 같고, 그러니까 막 미친 듯이 하는 거고요. 근데 해보니까 나보다 100만 원 많은 놈

이 생기면 또 미친 듯이 또 죽어라 뭘 해야 하는 거고, 그러니까 스트레스도 많아지고 내가 돈 버는 시간 외에는 누굴 미워하게 되구요. 왜냐하면 나도 그 돈 버느라고 스트레스받았으니까 그걸 좀 풀어야 하니까 쓸데없는 악플 다는데 에너지를 낭비하는 경우가 생기기도 하고 그런 거겠죠. 그래서 취향이 다양해지고, 또 교양이 많이 쌓인 사람들 치고 그런 악플이나 댓글 이런 거 다는 사람은 제가 알기로는 없는 것 같아요.

지승호   자기 행복한 거 찾기 바쁜데, 그 시간에 놀아야죠.(웃음) 갑질을 당하고 나면 '나는 딴 데 가서 안 해야지' 해야 하는 게 맞는 것 같은데요. 그 스트레스를 딴 데 가서 갑질로 푸는 경우가 더 많은 것 같습니다.

정영진   갑질의 원인을 하나로 자꾸 돌리는 것 같아서 조금 조심스럽긴 한데요. 갑질도 우리나라 유교 문화의 영향을 좀 많이 받는 것 같기도 하구요.

지승호   서열 문화 같은 거.

정영진   유교 때문이라고만 하면 사실 나이 많은 사람들한테 그러면 안 되는데, 나이 많은 사람들한테도 갑질하잖아요. 갑질은 지금 잘 보면 돈인 것 같아요. 돈과 권력 정도. 돈 있는 사람들은 백

화점 가서 직원들한테 갑질하는 경우가 많잖아요. 내가 돈 내고 쓰는 거니까 이래도 된다는 생각이겠죠.

지승호   '내가 여기서 얼마 썼는데' 이러면서 직원들 무릎 꿇리고.

정영진   네 월급 누가 주냐, 이런 건데요. 그거 역시도 돈에 매몰된 사회라 더 그런 것 같긴 하더라고요. 돈이라는 게 살아가는 데 있어서 반드시 필요한 것이긴 하나 전부가 되면 안 되잖아요. 그리고 아마 그 사람의 능력, 그 사람의 아량보다 더 많은 돈이 쌓였을 때는 그 사람한테는 독인 것 같아요. 예를 들어 100억을 쓸 수 있는 사람, 그러니까 그 정도 충분히 벌고 100억을 충분히 써도 괜찮을 만한 사람에게 100억은 약이 될 수도 있고, 그 주변 사람들 풍요롭게 할 수도 있지만, 그럴 아량이 안 되고 깜냥이 안 되는 사람이 100억, 200억 갖고 있으면 그건 그냥 무기 같은 거죠. 다른 사람들을 공격하는 데 쓰이고, 본인 스스로도 파멸시키는 완전히 괴물이 돼버리잖아요. 그런 거라고 봐요. 물론 돈 많은데 착한 사람도 많죠. 돈 많은 괴물들도 종종 보게 되는데요. 저는 돈 많은 사람들에게 갑질 당할 만한 일을 하고 있지는 않아서 그냥 안쓰럽다 정도긴 한데요.

지승호   아쉬운 게 있어야 갑질도 당하게 되겠죠.

정영진　그 사람한테 월급 받는 것도 아니고, 근데 그런 위치에 놓이게 되면 자존감을 어떻게 지켜야 할까, 그런 생각이 좀 들긴 하더라고요. 돈 많은 사람들이 그런 갑질한다고 행복한 건 아닐 텐데, 또 돈이 별로 없다고 갑질 안 하는 것도 아니잖아요. 돈이 없으면 더 없는 사람을 어떻게든 찾아서 갑질하려고 하고.

지승호　분식집 가서 갑질을 하죠.
정영진　하여튼 너무 예의가 없는 사람들이 좀 있어요.

지승호　예의가 없어서 그럴 수도 있지만, 너무 몰라서 진상이 되는 경우도 있더라구요.(웃음) 짬뽕을 먹었는데 벌레 나왔다고 사진 찍어서 인터넷에 올렸는데 보니까 버섯이더라고요.
정영진　그래요?(웃음) 자기가 모르면서 뭐만 하면 사장 나오라고 하고, 인터넷에 올려서 별점 테러하고, 그것도 일종의 갑질이죠.

지승호　자영업자분들한테는 엄청난 스트레스가 되는 것 같더라구요.
정영진　내가 인터넷에 올려서 너네 가게를 힘들게 만들 수도 있는 사람이다, 망하게 할 거다, 그런 갑질인 건데요.

암묵지를 어떻게 전수할 것인가?

지승호 아까 적정 기술, 적정 성공 얘기하면서 우리 강준만 선생님도 그런 분 중에 한 분인 것 같다는 생각이 들더라구요. 책을 400권 가까이 쓰셨는데, 이분한테 "의무감으로 써라" 그랬으면 스트레스받아서 못 썼을 텐데요. 자료 정리해서 책 쓰는 게 제일 재미있으신 분이시니까요. 그런데 그 암묵지를 누구한테 전수할 수 있을까 싶은데 그건 안 되는 것 같더라고요. 여러 사람이 강준만 선생님의 자료 정리에 대한 노하우를 배우려고 인터뷰도 요청하고, 이랬던 것 같은데요. 이게 전수할 수 있는 성질의 것이 아니잖아요. 근데 정영진 선생님이 갖고 있는 암묵지도 굉장히 많지 싶은데요. 방송을 기획하고, 진행하면서 얻은 암묵지를 누군가한테 전달해야 하겠다, 또는 어떻게 전달할 수 있을까, 이런 생각을 해보셨나요? 아직은 이르지만 조금 더 나이가 들면 '누군가가 나 대신 이런 걸 좀 해줬으면 좋겠다' 이런 생각이 들 수도 있을 것 같은데요.

정영진 제가 강준만 선생님처럼 뭘 대단히 해놓은 건 없어서 그렇긴 한데요. 누군가가 비슷하게 오면 다행인 건데, 그걸 전해줄 수 있는 건지는 잘 모르겠어요.

지승호	그러니까요. 이 암묵지라는 게 말로 전할 수 있는 것도 아니고.
정영진	저라고 하면 뭔가 있어 보일지도 모르겠는데요.(웃음) 하여튼 누군가를 상정해 놓고 얘기를 한다면요. 그분이 본인만의 노하우 같은 것들을 쌓아온 데는 텍스트나 영상 자료로 설명 안 되는 정말 수많은 '무엇'이 있을 거예요. 그분은 내가 정리할 때는 '이렇게 정리하면 알겠지'라고 하겠지만 그분이 정리한 그 노하우는 그분이 생각할 때 적어놓은 거지, 실제로 그분의 머릿속에 쌓여 있는 것은 글자로 표현된 것 말고 5천 배는 더 많이 있을 거예요. 같은 경험을 적어도 비슷하게 하지 않는 이상은 그 글을 봐도 정확히 이해를 못 할 거예요. 문자상 이해 못 한다는 게 아니라 맥락을 이해하긴 힘들 거예요. 그게 정확하게 어떻게 해서 얻어진 거고, 그걸 얻어내기 위해서 어떤 과정과 노력이 있었는지는 아마 모를 겁니다.

저 역시도 누구한테 그런 걸 배워본 적도 없고, 제가 쌓아놓은 거를 누구한테 가르쳐 볼 생각도 안 했지만, 가르친다고 한들 그걸 충분히 표현 못 할 거고요. 왜냐하면 저한테는 지민의 쌓아온 스토리가 있는 건데, 그걸 일반화해서 누군가에게 얘기할 수 있는 게 몇 퍼센트나 되겠어요. 그건 쉽지는 않을 것 같아요. 근데 누군가 제가 좋아 보여서 그걸 따라 하려고 한다면 제가 도울 수 있는 건 최대한 돕겠지만 별로 그렇게 하라고 추천

하고 싶지는 않습니다. 본인이 그냥 알아서 새로운 방법으로, 저보다 효율적인 방법으로 뭘 하는 게 더 좋겠지요. 내가 했던 그 길을 그대로 따라오라고 할 수도 없고, 시대가 또 바뀌는데 그게 되겠어요? 그래서 저는 그렇게 좋은 방법은 아니다 하는 생각을 합니다.

한국에서 세계적인 플랫폼이 나오지 않는 이유?

지승호   어떻게 보면 같이 방송을 하고 이러다 보면 누군가는 그걸 잘 캐치해서 '저 형님이 저런 부분은 참 좋은 것 같다. 이런 부분은 개선하면 더 좋을 것 같다' 이렇게 배우는 게 가장 좋을 것 같긴 합니다. 옛날에 싸이월드나 프리챌 이런 거 보면 굉장히 앞서가 있는 포맷이었잖아요. 우리가 IT 강국이라고도 하고, 기술적으로도 보면 프리챌 커뮤니티나 싸이월드의 미니홈피 같은 경우에 지금 생각해봐도 굉장히 혁신적인 기술이었다 싶거든요. 근데 왜 우리는 틱톡이나 페이스북 같은 세계적인 플랫폼을 만들지 못했을까요?

정영진   기본적으로 우리 한글, 한국어가 가진 한계가 있는 것 같고요.

제 책에도 좀 소개를 했습니다만, 한국어가 대단하다고 생각하지 않는 사람이거든요.(웃음) 물론 우리만의 문자나 글자가 있다는 것 자체는 높이 평가할 수도 있는 일이라고 생각은 하는데요.

지승호   객관적으로 해석할 필요는 있다?

정영진   한국어, 한글이 전 세계 유일하게 만든 사람이 있는 문자라든지 아니면 가장 과학적인 문자라든지 가장 표기하기 편한 문자라든지, 이건 다 거짓말이라고 보거든요. 하여튼 한글, 한국어가 가진 한계가 기본적으로 있어서 글로벌하게 성공하기가 매우 어렵다는 이유가 하나 있고요. 또 하나는 우리가 우리의 한계를 좀 정해버린 것 같은 느낌도 좀 있어요. 싸이월드를 만든 사람이 글로벌하게 시도를 정말 해봤을까요? 모르겠어요. 어떤 노력을 했는지 모르겠습니다만, 그냥 한국에서 싸이월드 같은 서비스를 만들어서 예를 들면 '프리챌이나 이런 걸 넘어서는 우리나라 최고의 소셜 네트워크가 돼야지' 이 정도 생각을 하셨던 것 같아요. 그게 아니라 싸이월드를 처음 만들 때부터 '이거는 전 세계에도 먹힐 수 있는 아이템이다. 빨리 한국에서 성공해서 수익만 좀 나면 바로 미국 진출한다, 혹은 중국 진출한다, 일본부터 한번 가본다' 이런 계획 같은 것은 아마 없었지

싫습니다. 그러니까 꿈의 크기가 기본적으로 그렇게 있지 않았으니까, 그냥 우리나라에서 어느 정도 성공하다가 말아버린 거 아닌가 하는 생각도 들구요. 시대의 한계도 있었을 수 있죠. 하여튼 그 꿈의 크기랑 한글이 가진 한계, 이게 제일 크게 작용했던 것 같고요. 네이트온 같은 것도 사실 되게 좋았잖아요. 메신저로서 우리나라는 거의 휩쓸기도 했고요. 그다음에 그 비슷한 것들이 몇 개 있었죠. 동영상 서비스 같은 것도 유튜브 전에 이미 우리가 갖고 있었던 게 있었는데, 그것도 잘 안 됐고 그러니까.

지승호   세계 최초의 MP3 플레이어가 한국에서 나온 엠피맨이었잖아요. 근데 3년 후에 애플 아이팟이 시장을 싹 쓸어버렸죠.

정영진   그랬었나요? 3년밖에 못 했군요. 그러니까 아이리버 얼마나 좋았어요? 디자인 예쁘고.

지승호   빌 게이츠나 스티브 잡스가 아이리버의 혁신적인 디자인을 칭찬하던 시절이 있었죠.

정영진   근데 글로벌하게 못 가고.

한류는 지금이 정점으로 보여

지승호 시대의 한계였던 것 같기도 합니다. 옛날 원더걸스가 한국에서는 정말 원 탑 중에 원 탑이었는데, 미국 진출하려다가 좌절되면서 커리어가 멈추기도 했잖아요. 그런 시행착오를 거치면서 지금의 한류 붐이 온 걸 텐데요. 한류 성공 이유는 무엇이고 앞으로 전망은 어떻게 보나요?

정영진 한류요? 한류는 지금 전성기, 피크 찍은 것 같고요. 정점 찍으면서 꺾이는 것 같습니다. 대중문화라는 것도 대체로 그 나라의 경제 상황이랑 비슷하게 가는 것 같아요. 저는 대중문화 전문가는 아니지만 담 넘어서 쓱 살펴보면 언제부터 우리 대중문화가 전 세계로 뻗어 나갔나 생각해 보면요. 대충 동남아 쪽으로 나간 거는 클론부터 해서 2천년대 초중반쯤에 일부 나갔다가 일본 같은 데 우리 드라마라든지 가요 같은 게 수출이 좀 되고, 2010년대 연예인들이 중국으로 진출을 많이 했었고 2010년대 중후반부터 본격적으로 전 세계로 많이 뻗어 나갔잖아요. 그때가 대체로 우리나라 경제가 굳이 따지면 거의 정점을 찍은 때인 것 같거든요. 2020년 이때가 거의 정점이잖아요. 지금도 높이 유지는 우리 대중문화들이 하고 있는데요.

그러면 왜 경제력이랑 비슷하게 가나, 제가 정확히 분석한 건 아닌데요. 과거에 일본도 보면 1980년대 잘나갈 때 일본이 어마어마했잖아요. 일본의 J팝이라고 해서 전 세계를 씹어 먹던 때가 있었고, 일본의 음식, 문화, 애니메이션 이런 것들이 전 세계 사람들을 감동시킬 때도 역시 마찬가지로 일본이 제일 잘나갈 때였습니다. 그러니까 어떤 기운 같은 것들이 경제 성장이라는 밑바탕에 깔리면 사람들에게 에너지를 좀 많이 주는 것 같아요. 그리고 기술적으로도 보면 외국 사람들도 한국에 대해서 원래는 알지도 못하는 나라니까 관심을 좀 덜 가질 텐데요. 한국 제품들이 많이 들어오고, 음식이나 서비스도 한두 개씩 들어오다 보면 좀 더 익숙해지고 친근함을 느끼니까 대중문화도 좀 더 쉽게 받아들일 수 있잖아요. 경제가 발전하면 우리나라 제품이 전 세계로 많이 가면서 대중문화도 진출하기 수월해지는 게 하나 있는 것 같고, 또 하나는 우리 대중문화가 언제부터 산업적으로 꽃피웠냐 하면 1990년대 초중반쯤인 것 같아요.

지승호 그때 SM 엔터테인먼트 등의 기획사들이 나왔죠.

정영진 그렇죠. 1980년대에 우리가 쭉 쌓아 올린 경제 성장, 결국 거기서 생긴 돈들이 대중문화로 막 쏟아져 들어온 것 같거든요. 그러니까 그 돈이 되는 산업에 인재가 들어오고, 재능 있는 사람들이 들어왔죠. 옛날에는 사실 연예인 하고 가수 한다고 하면 딴따라 한다고 얼마나 낮게 봤습니까? 집안에서 반대하고, 머리 깎고 이랬는데요. 그쪽이 돈이 된다 그래서 사람들이 몰리고 인재가 몰리니까 점점 그쪽에 투자도 늘어나게 됐구요. 그쪽에 새로운 아이디어를 가진 사람들이 막 생겨나면서 1990년대 중반 후반 이때 보면 정말 다양한 음악이 많이 나왔던 것 같아요. 그때쯤에 힙합, 댄스, 트로트부터 발라드, 록 이런 모든 종류의 음악들이 성장하고 앨범도 그때는 한 30만 ~40만 장 팔리는 게 보통이었는데요. 몇백만 장 팔린 사람들, 200만 장 팔린 경우도 있고, 그건 공식 집계지만 길보드 이런 거 길거리 리어카에서 팔린 테이프까지 하면 어마어마할 거 아닙니까? 사람들이 대중문화에 소비를 많이 하고 하니까 돈이 많이 들어오고, 그러니까 사람들이 그만큼 소득 수준이 있으니까 문화에도 돈을 쓰는 거겠죠. 문화에 돈을 쓰니까 그 문화계에도 좋은 인재들이 많이 들어오는 거고, 새로운 실험들을 많이 하고, 그런 힘들이 모여서 프로듀서나 제작자 이런 사람들이 탄탄한 기반을 좀 가지게 된 것 같구요. 전 세계에서 아주 좋은 제작사들도 그때 많이 들어오기도 했었고, 그러니까 글로벌 눈높이에 맞는 수준이 되는 그런 뮤직들을 우리가 가질 수 있게 되는 거고, 그러면서 밖으로도 나갈 준비가 1990년대 중

후반 혹은 2천년대 초까지 마련이 좀 된 것 같습니다. 동남아, 중국, 일본 등에 우리나라 제품들이 많이 팔리기 시작한 것이랑 거의 일치하는 것 같아요. 그게 많이 팔리고 그러다가 본고장이라고 하는 미국까지 진출하면서 전 세계로 퍼져나가게 된 거라 경제 성장과 매우 밀접한 관계가 있다는 생각이 들구요. 거기까지가 2020년대까지 아주 좋은 시나리오였는데요. 홍콩 영화가 다 사그라들었듯이 사이클을 타고 또 내려올 것 같은데요. 조금 더 오래 유지됐으면 좋긴 하겠는데, 지금 상황을 보면 그렇게 오래 유지될 것 같지는 않고요. 한 3~4년, 4~5년 혹은 맥스 10년 안에 끝날 것 같아요. 우리나라의 경제 상황과 크게 다르지 않게 갈 것 같습니다.

유튜브 콘텐츠의 전망

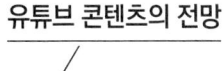

지승호   유튜브 콘텐츠들의 전망은 어떻게 보나요? 유튜브는 앞으로도 계속 좀 커질 거라고 생각하나요?

정영진   더 고급화되는 채널들이 많이 생길 거고요.

지승호　취향에 맞게 고급화, 다양화된다 이렇게 보는 건가요?

정영진　일단은 〈미스터 비스트〉만 보더라도 해당 제작비가 공중파 어떤 프로그램보다 더 많거든요. 이제는 한 회당 몇십 억에서 몇백억도 써요. 왜냐하면 한 회당 몇 억 뷰씩 나오기도 하니까, 그럴 수 있는 거죠. 어마어마한 제작비를 쓰는 그런 고퀄의 콘텐츠들이 많이 나올 건데요. 글로벌로 장사를 하니까 그렇게 써도 충분히 뽑아먹을 수 있다고 생각을 하는 거거든요. 마치 미국의 할리우드 영화가 제작비로 몇 천억씩 쏟아부을 수 있었던 건 전 세계로 뿌린다고 생각하니까 그렇게 쏠 수 있는 거잖아요. 마찬가지로 유튜브에서도 사람들은 눈이 굉장히 예민해서 퀄리티 떨어지는 걸 계속 보다가 좋은 거 한 번 보면 그다음에 퀄리티 떨어지는 거 잘 못 봐요.

지승호　음악도 좋은 거 듣고 나면 그다음에 후진 걸 들으면 귀가 썩는다고 하잖아요.(웃음)

정영진　그전에는 대충 만든 것도 그냥 봐요. 웃으면서 보다가도 좋은 퀄리티 영상들을 몇 번 보고 나면 이거 유치해서 볼 수가 없거든요. 그래서 아주 고퀄의 콘텐츠들이 살아남을 거고, 그다음에는 그런 고퀄과 반대쪽의 아주 아주 내 취향인, 그러니까 사람들이 많이 보는 거 말고 한 2천~3천 뷰, 만 뷰 정도밖에 안 나오지만, 그래도 내 취향에 정확하게 딱 맞는 다양한 채널들이 근근하게 살아갈 거예요. 이것도 양극화라면 양극화인데요. 어마어마하게 매스를 상대로 하는 그런 고퀄리티의 제작비 엄청 들어가는 유튜브 콘텐츠, 그다음에 아주 세분화한 취향, 그러니까 예를 들면 무슨 미술 작품을 보여주는데 정확하게 한 작가 것만 보여준다든지 아니면 음악도 무슨 아프리카 잠비아 음악만 틀어준다든지 이런 식의 완전히 세분화된 콘텐츠들이 굉장히 다양하게 많이 있을 것 같습니다. 중간이 조금 살아남기 쉽지 않은, 어중간한 친구들이 지금까지는 많이 살아 있었지만 웬만하면 좀 쉽지 않을 것 같고, 그다음에 정치나 사회나 하여튼 자기 취향을 잘 맞추는 그런 콘텐츠들은 여전히 좀 살아남겠죠. 그 외에는 많이 힘들어질 것 같습니다.

그리고 유튜브 너머의 그다음 플랫폼은 아직까지는 안 보인다, 한 플랫폼이 이렇게 오래 갈 수 있나 싶기도 하지만 그래도 아직까지는 그럴 것 같네요. 보이지는 않지만 굳이 만약에 뭐가 있다면, 이거 한번 말씀을 좀 드린 것 같기 한데요, 아주 극소수의 콘텐츠 제작자가 다수 대중을 상대로 막 뿌리던 공중파 시절이 있었고, 그보다 훨씬 채널이 많아졌지만 여전히 불특정 다수를 대상으로 한 케이블 시대가 있었고, 훨씬 더 채널이 늘어나는 IPTV 시대 이런 게 좀 있었다가 그다음에 유튜브를 비롯한 어마어마한 글로벌한 수준의 다양한 채널들이 생겼다가 이제는 영상을 만드는 것조차도 너무 쉬워지는 세상이 되니까 개인이 영상을 만들어 취향이 맞는 사람들끼리만 공유하는 그런 시장은 꽤 생겨날 것 같습니다. 그게 제가 지금 보는 상황입니다.

지승호   참고하는 유튜브 채널이나 공중파 프로그램이나 이런 게 있나요?

정영진   뭘 볼 시간이 별로 없어서요. 잘 못 보는데요. 가끔 보는 채널은 제가 출연하거나 관련이 있는 채널 말고는 철학 채널들이 몇 개 있구요. 도움을 좀 받고 있는, 남는 시간에 여가용으로는 영화 채널이 있고, 그다음에 미술 관련된 채널 그 정도 지금 보고 있습니다.

박찬욱 영화나 아이유 등을 좋아한다

지승호   영화도 좋아한다고 들었는데요. 〈올드 보이〉를 좋아한다고 들었습니다.

정영진   저는 특별히 장르 안 가리고요. 잘 만든 영화는 다 좋아해요. 예를 들면 정말 마감도 잘 된, 웰메이드 영화 다 좋아하구요. 우리나라 영화는 정말 좋아하는 게 너무 많은데, 그중 몇 개 꼽아보자면 박찬욱 감독님 복수 시리즈 다 좋아하고요. 〈복수는 나의 것〉, 〈올드 보이〉, 〈친절한 금자씨〉 그리고 〈헤어질 결심〉도 좋아하구요. 봉준호 감독의 영화도 대부분 다 좋아합니다. 좀 강요하는 영화 싫어하고, 감정을 강요하거나 메시지가 너무 과하거나 이런 거 싫어해요. 잘 만든 영화는 티가 좀 나잖아요.(웃음)

지승호   음악도 많이 듣나요?

정영진   음악 많이 못 들어요. 요즘에 젊은 걸그룹 노래를 들으려고 하구요. 에스파, 아이브, 뉴진스, 보통 서른 넘어가면 잘 안 듣는다면서요?

지승호   일단 아이돌 얼굴들이 구분이 안 되니까요. 동방신기 이후에는 잘 구분이 안 됩니다.(웃음)

정영진   저.ᄂ 남자 아이돌은 모르고 여자 아이돌은 좀 압니다.(웃음) 그냥 집에서 늘 틀어 놓는 거는 보통 재즈나 클래식이나 옛날 노래 있죠? 이문세 노래 이런 거 좀 많이 틀어 놓고, 아이유 노래 좋아합니다. 우리나라 보컬리스트 중에 저는 아이유를 정말 대단한 보컬리스트라고 생각하긴 하는데요. 연기도 잘하고, 무반주로, 자기 목소리로 무대를 채울 수 있는 사람이 지금 몇 없는 것 같거든요.

지승호   어마어마한 아이콘이죠. 화가 중에 좋아하는 분이 있습니까?

정영진   우리나라 사람들은 인상파 작가들을 많이 좋아하는 것 같아요. 그래서 전시회 하면 무조건 인상파는 장사 잘되고, 고흐, 세잔 이런 화가들.

지승호   사람들이 인상을 많이 쓰고 다녀서 그런가요?(웃음)

정영진   인상파만 유독 우리나라에서 특별히 잘 되는 것 같은데요. 저는 누구 전시인지도 모르고 가는 경우도 많아요. 그냥 가서 보고, '그림이 좋다' 아니면 '어떤 느낌이다' 요즘은 그냥 보고 있어요. 그래서 특별히 박서보니 이런 작가 특별히 안 가리고 가서 보고 '아, 좋다. 그림 되게 크네. 이거 어떻게 그렸을까?' 하고 보고 옵니다.(웃음) 저도 초심자라 그냥 안 가리고 잡식으로 그냥 먹고 있습니다. 그림 있는 데 가는 게 참 좋아요. 이렇게 딱 보고 있으면 그냥 그런 장소에 제가 있는 것 자체가 좋습니다. 우리 작가님도 한번 가보세요.

지승호   그림을 보다 보면 뭔가 경건해지는 것 같고, 그렇죠.(웃음)

정영진   가서 쭉 보고 있으면 보러 온 사람들도 조용하고. 제가 시끄러운 걸 요즘 별로 안 좋아해서요. 조용히 구경하고 있는 걸 좋아합니다.

구성원과의 의견 차이를 극복하는 법

지승호   근데 오랫동안 같이 뭘 하다 보면 구성원들 간에 의견 차이 때문에 트러블이 생길 수도 있잖아요. 예전에 '팬 많은 것도 중요하지만 적이 없는 것이 더 중요하다'는 말씀도 했는데요. 사람들하고 갈등이 생길 때 어떻게 푸나요?

정영진   기본적으로 갈등이라는 게 왜 생기냐면요. 자기방어적인 걸 수도 있는데, 갈등이라는 게 생기는 게 누군가 저한테 기대를 많이 하거나 제가 누군가한테 기대를 했는데 그게 안 될 때 실망하고 갈등이 생기는 경우가 많거든요. 특히 부부간에 그렇고요. 저는 누구한테 기대를 잘 안 하고, 누군가 저한테 기대하는 것도 안 하게 하려고 합니다. 사람들이 회식 같은 거 갈 때도 "영진 씨는 회식 안 좋아하잖아" 이런 얘기를 많이 하거든요. 그러다가 제가 가면 되게 고마운 일이고, 안 가면 그냥 '원래 저 친구는 그런 친구'라고 생각하거든요. 하여튼 일 이외의 만남은 거의 최소화하고, 그다음에 제가 혹시 일을 시켜야 하거나 혹은 뭔가를 부탁을 할 때는 최대한 감정을 배제하고 얘기를 합니다. 그걸 만약에 잘 못 했으면 거기에 대해 나무라기는 하죠. 그러나 거기에도 별로 감정은 싣지 않는 것 같아요. "이거 왜 못 했지? 특별히 못 한 이유가 있나? 아니면 일을 하기 싫은 거야? 이유가 있으면 얘기를 하고, 없으면 다음부터는 그러지 마시고" 이 정도 얘기하거든요. 그것도 감정이라면 감정일 수 있는데요. 이 정도 얘기까지는 하는데, 그렇다고 "니가 어떻게 나한테 이럴 수 있어? 너 대체 어떻게 사는 거야? 너 뭐 되려고 그래?" 이런 얘기는 전혀 안 하거든요.(웃음) 그래서 같이 일을 하다가 정 일을 못 하는 사람 같으면 그만하는 게 맞는 거고, 그 사람도 내가 시킨 걸 정확히 파악 못 했을 수 있으니까 혹시 만약에 그렇다면 내가 이야기한 게 혹시 부족했을 수도 있으니까 그게 혹시 그 사람이 일을 못 한 이유가 된다면 그거는 내가 알아듣게 다시 설명해야 할 부분인 거고, 그 정도에서 얘기하다 보면 크게 갈등 생길 일은 없는 것 같아요. 갈등이 생길 일 자체를 잘 안 만든다는 게 굳이 따지자면 그런 거고요. 그럼에도 뭔가 내가 감정적으로 상하진 않지만, 그 사람이 나한테 감정적으로 상할 수도 있잖아요. 그건 내가 컨트롤할 수 있는 건 아니니까 만약에 그런 게 있는 경우에는 저는 별로 신경을 안 쓰지만 만약에 그 사람이 나한테 뭔가 액션이나 말을 통해서 제게 서운하다고 하면 그런 경우는 빠르게 사과합니다. 제가 생각해봐서 잘못하거나 제가 부족했던 점이 있었다고 수긍만 가면 빠른 사과하고, 괜히 거기서 자존심 지키거나 그러려고 버틴다거나 이런 건 없구요. 그거 한다고 크게 내가 자존심 상하거나 크게 내가 낮아지거나 이런 건 아닌 것 같더라고요. 빠르게 사과하고 넘어가려고 하죠.

지승호   관계에 있어서 중요한 거는 '격발을 하지 말라'는 건데요. 관계가 끊어지는 말 한마디를 참는 것이 중요한 것 같습니다. 제가 잘 못 하는 것이기도 하구요.

정영진   싸우는 걸 잘 못 하는 사람이라고 저는 생각하는데요. 예를 들면 일자리에서는 그나마 괜찮지만 개인적인 사이에서는 감정이 있을 수 있잖아요. 근데 저는 약간 싸우게 되거나 갈등 상황에서는 일단 좀 피하는 스타일이거든요. 그러니까 그게 어떤 사람한테는 별로 안 좋게 보일 수 있는 것 같긴 해요. 빨리 문제를 해결해야 하는데 피하는 것 같으니까요. 이건 제가 가진 성향이긴 한데, 감정이 안 좋을 때 이야기를 하면 안 좋게 생각했던 10만큼의 상황에 20만큼 30만큼 얘기를 자꾸 하게 되고, 제가 감정적으로 던진 말에 그 사람이 상처가 나서 그게 흉이 지는 경우가 있는 것 같더라고요.

물론 어떤 사람들은 화끈하게 싸우고, "다 풀어" 이럴 수도 있는 것 같긴 한데요. 저는 그런 정도의 대범함이 없는 사람인지 하여튼 저는 싸울 때는 상대도 저도 별로 평소에 생각하지 않았던 굉장히 날카로운 말이나 상처를 줄 수 있는 말을 할 수 있기 때문에 가능하면 그 상황은 벗어나서 좀 다운된 상황에서 얘기를 다시 하자는 주의거든요. 이거는 꼭 좋거나 나쁜 건 아닌 것 같고 제 성향이 그렇습니다. 그래서 어떤 분들은 그걸 되게 싫어하시는 것 같기도 하고요.

적어도 제가 그에게 큰 흉터가 남을 말을 하지 않는 것 같고, 사람들이 막 감정이 에스컬레이팅 되다 보면 본인이 생각하지 않았던 얘기도 막 하게 되고, 그렇게까지 심하게 얘기할 것이 아닌데 '내가 이 상황에서 저 사람을 이겨야 한다'고 생각하면 정말 치사하고 유치한 공격들도 막 하잖아요. 그거는 둘 사이에 도움이 안 될 것 같은 생각이 있어서 저는 그렇게 안 하려고 합니다. 근데 그건 옳고 그른 건 아닌 것 같고, 그냥 제 성향인 것 같아요.

시간 나면 쿠바 등에 다녀오고 싶어

지승호   지난번에 '여행도 좀 해보고 싶다'라고 했는데, 가보고 싶은 데는 있나요?

정영진   너무 많죠. 당장 저한테 1년만 주시면.(웃음)

지승호   세계 일주?

정영진   세계 일주까지는 몰라도 일단 쿠바는 한번 갔다 올 거예요. 여행이 좋은 거는 내가 아주 어색한 혹은 낯선 장소에 간다는 거잖아요. 근데 제가 생각할 때 아주 낯선 환경이 어디일까 생각해 보면 쿠바라든지 중남미 어떤 나라들이 그런 곳일 수 있을 것 같아요. 그리스라든지 터키 이런 데는 한 두어 달 있고 싶고, 북유럽 같은 데도 한 달 정도는 한번 여기저기 구석구석 좀 찾아가고 싶고, 동유럽에 가서 예전 유럽의 느낌도 보고 싶기도 하고, 이집트 같은 데나 두바이로도 가고 싶고, 사우디아라비아, 스리랑카 그런 데도 가서 있다 오고 싶어요. 가고 싶은 데는 너무 많죠. 못 가지만.

지승호   여기서 제일 멀어서 그런지, 남극에 한 번 가는 게 꿈인 사람들도 있던데요.

정영진   남극은 별로 욕심 없습니다. 가기가 너무 힘들죠. 저는 여행 가고 싶은 데가 인간의 흔적이 없는 곳보다는 있는 곳이 좋아요.

지승호   어느 정도 사람하고 부딪히면서.

정영진   예. 그 나라 사람들도 좀 보고 싶고, 그 나라의 예전 사람들은 어떻게 뭘 했었나 이런 것도 좀 보고 싶고. 아무도 없는 자연도 나쁘진 않은데 막 욕심나지는 않아요. 그래서 남극은 별로.(웃음)

지승호   그럼 여행 채널을 한번 만드시면 자연스럽게 일을 하시면서 왔다 갔다 하실 수 있잖아요.(웃음)

정영진   어떤 분은 여행 작가 해서 너무 좋겠다는 분들도 계시고, 여행 작가 하고 싶다는 분도 있더라고요. 하면 너무 좋죠. 근데 그게…….

지승호   취미가 또 일이 되는 거니까.

정영진   그렇기도 하고 제가 지금 해야 할, 그리고 또 책임져야 할 사람들을 책임질 정도의 그게 안 될 것 같아요.

지승호   여러 사람하고 같이 얽힌 비즈니스들이 있어서.

정영진   그러니까 그거는 지금은 아닌 것 같고, 기회가 되어서 나중에 하면 너무 좋죠.

지승호   정리하는 차원에서 한마디 해주세요.

정영진   제가 평소에 생각했던 거 정도는 대체로 나왔겠지만, 정돈되고 논리적인 얘기가 아닌 게 너무 많아서 조금 걱정이 되긴 합니다. 감안하고 읽어주시면 좋겠습니다. 대체로 크게 보면 일관성이 어느 정도 있을 것 같긴 합니다.(웃음)

지승호   분명히 있습니다. 오랜 시간 좋은 말씀 감사합니다.

정영진   동의를 해 주면 더 좋고, 만약에 다른 생각이라면 그 다른 생각이 왜 그렇게 다른지 혹시라도 이 책에 대해서 의견을 주시면 너무나 좋겠고요. 혹시 본인 생각과 많이 좀 다르더라도 '이런 생각을 하는 사람도 있구나' 내지는 '있을 수 있겠구나' 정도 생각해주시면 감사하겠습니다.

후기

사유의 온기와
사람의 향기를 지닌 이성

지승호

한 사람을 인터뷰한다는 건, 그의 말을 듣는 것에서 멈추지 않고 그 말 사이의 침묵까지 들여다보는 일입니다. 이 점에서 정영진 님과의 인터뷰는 좋은 경험이었습니다. 그는 유쾌하고, 단정하고, 명료하게 말하지만 그 안엔 쉽게 드러나지 않는 사유의 결이 조용히 흐르고 있었습니다.

말이 넘치는 시대입니다. 우리는 모두 어떤 말의 소비자이자 생산자가 되었습니다. 하지만 정영진 님의 말은 달랐습니다. 그의 말들은 끊임없이 의심하고, 반추하며, 책임을 감당하려는 사람의 언어였습니다.

정영진 님은 이렇게 말합니다.

"저는 가능하면 이게 내 생각인지 아닌지 의심을 많이 하는 것 같습니다."

"본인의 생각을 얘기하지 않고 어디서 들은 걸로 자꾸 얘기하다 보면 진정한 대화가 안 된다고 생각합니다."

"생각이 짧아지면 감정의 크기는 커지는데 사고의 깊이는 당연히 낮아지겠죠."

그가 했던 이 말들은 지금 이 책을 읽는 독자들에게 제가 다시 전하고 싶은 말이기도 합니다. 그는 생각하는 사람이고, 생각을 권하는 사람입니다. 그리고 무엇보다 함께 생각할 수 있게 기다려주는 사람입니다.

인터뷰를 통해 저는 한 콘텐츠 제작자나 방송인을 만난 것이 아니라, 생각하는 법을 잃지 않으려는 한 사람을 만났다고 느꼈습니다. 그는 스스로도 확신하지 못하는 순간들에 솔직했고, 자신이 아는 것보다 알지 못하는 것을 더 중요하게 여겼습니다. 그의 말은 때로 불편하지만, 그 불편함은 우리를 멈추게 하고 되묻게 만듭니다. 저는 그 점이 이 책의 또 하나의 미덕이라고 생각합니다. 정영진이라는 인물을 만나면서, 그리고 그와 질문을 주고받으면서, 저는 다시 한번 생각하는 삶이란 무엇인가를 떠올릴 수 있었습니다.

정영진 님은 팩트를 중시하고, 감정보다는 이성을 앞세우며, 다른 사람의 말에 귀 기울이되 무작정 호응하지는 않습니다. 그건 차가움이 아닌 진지함에서 비롯된 것이라 생각합니다. 그는 사람을 쉽게 판단하지 않으며, 누군가의 말에 책임이 없다면 칭찬조차도 가볍게 하지 않습니다.

무엇보다 그는 겸손한 사람입니다. 자신이 만든 인기 콘텐츠나, 누군가에게 주목받은 순간에 대해 이야기할 때도 스스로를 내세우기보다 "운이 좋았다"고 말하거나, "다른 사람들이 잘해서"라는 식으로 공을 나누려 합니다. 그는 자신의 한계를 명확히 인식하고 있으며, 그 인식이 그를 더욱 단단하게 만들었다고 저는 판단합니다.

정영진 님은 사람을 좋아합니다. 그는 상대방의 논리를 무너뜨리기 위해 질문하지 않습니다. 그 사람의 생각을 더 깊이 끌어올리기 위해 묻습니다. 말을 끊지 않고 기다려주는 태도, 자신과 의견이 다른 사람에게도 배움을 얻으려는 자세, 그런 모습 속에서 우리는 그가 단지 방송인이 아니라, 진심으로 사람에게 관심과 애정을 갖고 있다는 것을 느끼게 됩니다.

그는 자기만의 콘텐츠를 만들기 위해 노력합니다. 하지만 동시에 그 콘텐츠의 뿌리가 결국은 사람이어야 한다는 점도 잊지 않습니다. 그는 삶을 통계로만 보지 않고, 감정의 선을 이해하려고 애씁니다. 자신의 생각을 이야기하되, 그 생각이 틀릴 수 있음을 언제나 염두에 두는 겸허함을 지니고 있습니다. 바로 그 점이 정영진 님을 신뢰하게 하는 원천이 아닐까 판단합니다. 그렇기에 그와의 인터뷰는 논쟁이 아니라 대화로 기억됩니다. 밀어붙이는 언변이 아니라, 함께 생각하게 만드는 말과 사유의 시간으로 간직됩니다. 이 시대에 말을 잘하는 사람은 많지만, 말에 사람의 향기를 실어 나르는 사람은 드뭅니다. 정영진 님은 바로 그런 사람이라고 생각합니다.

대중음악 평론가 강헌 님은 고 신해철 님을 "우리 대중음악사에 등장한 최초의, 그리고 최후의 인문주의 예술가, 르네상스인이었다"고 규정했습니다. 다방면의 문화에 관심이 많고, 인간을 사랑했던 그의 모습에 대한 헌사였을 겁니다. 저는, 다양화된 것 같지만 점점 생각이 획일화되어가는 사회에서 더 많은 신해철이 필요하다는 생각을 해왔습니다. 정영진 님을 인터뷰한 후 '이분이 르네상스인이구나' 하는 생각이 들었습니다.

세상에는 자신이 가진 일정한 영향력을 키우기 위해 사회를 더 분열시키는 방향으로 몰아가는 사람들이 차고 넘칩니다. 그는 그런 사람들에 반해서 다양하고 공정한 목소리를 내려고 노력합니다.

사람에 대한 그의 관심은 '젊은이들이 왜 이렇게 힘들고 우울할까?'에 대한 고민으로 이어졌습니다. 자신이 되고자 하는 것과 자기 현실 사이에 괴리가 크면 클수록 우울할 것 같다는 생각에 '적정 성공'이라는 개념에 천착해 채널을 만들기로 결심했습니다.

그는 자신이 되고자 하는 것조차 스스로 생각해낸 것이 아니라 남들이 생각히는 대로 따라가려고 하는 것이 아니냐고 반문합니다. 자신이 되고자 하는 것이 무엇인지를 알려면 자신이 어떤 사람인지, 무얼 좋아하는지를 정확하게 알아야 한다고 말합니다. 그러기 위해서는 다양한 경험을 하고, 다양한 문화를 접해봐야 한다고 강조합니다.

'가톨릭 일꾼 운동'을 창시했던 피터 모린은 "모두가 가난해지려 하면 아무도 가난해지지 않을 것이다"라는 말을 했습니다. '모두가 조금씩 가난해지려고 하면' 좀 더 많은 사람이 가난에서 벗어날 수 있을 것이라는 뜻인 것 같습니다. 이 말 역시 이번 인터뷰와도 연결이 됩니다. 다양한 관점과 다양한 행복을 추구하는 사람들이 서로 자기의 의견을 자유롭게 개진하고, 상대방의 이야기가 옳다면 수용을 하는 사회, 아니 수용까지는 아니어도 일단 경청을 하는 사회, 그것이 정영진 님이 꿈꾸는 세상으로 보입니다.

그는 겸손하게도 인터뷰를 하는 내내 "제 이야기에 관심을 가지는 사람들이 많이 있을까요? 그게 걱정입니다"라고 이야기했습니다. 한때 주목을 받는 인터뷰어였으나 지금은 깊은 슬럼프에 빠진 저를 내내 존중해주고 배려해주었습니다. 그 점 이 자리를 빌려 깊이 감사드리며, 정영진 님의 행보가 앞으로 많은 사람에게 다양한 관점을 심어주고 각자의 행복을 찾아 나가는 데 도움이 되었으면 좋겠습니다.

소설가 어니스트 헤밍웨이는 "타인보다 우월한 건 고귀한 게 아니다. 진정 고귀한 건 어제보다 나은 내가 되는 것이다"라고 했습니다. 우리는 남보다 좋은 명품을 사고, 큰 차를 타고, 큰 집을 가지는 것을 우월하다고 착각하는 삶을 살아가고 있습니다. 헤밍웨이, 그리고 정영진 님이 설파하듯이 남들보다 우월한 것이 고귀한 게 아니라 진정으로 고귀한 것은 어제보다 나은 내가 되기 위해서 노력하는 것일 겁니다. 저도 어제보다 나은 제가 되기 위해 노력하겠습니다. 이 책이 독자 여러분에게 자신의 삶과 생각을 반추해보는 시간으로 남기를 바랍니다.

내 생각인가요?

ⓒ 정영진·지승호, 2025

초판 1쇄 2025년 8월 11일 찍음
초판 1쇄 2025년 8월 22일 펴냄

지은이 | 정영진·지승호
펴낸이 | 강준우
인쇄·제본 | 지경사문화

펴낸곳 | 인물과사상사
출판등록 | 제17-204호 1998년 3월 11일

주소 | (04031) 서울시 마포구 동교로 22길 29, 성지빌딩 301호
전화 | 02-325-6364
팩스 | 02-474-1413

www.inmul.co.kr | insa@inmul.co.kr

ISBN 978-89-5906-808-1 03300

값 18,500원

이 저작물의 내용을 쓰고자 할 때는 저작자와 인물과사상사의 허락을 받아야 합니다.
파손된 책은 바꾸어 드립니다.